王一明

廣播會客室，
放送人間溫馨情

王一明著

Content

推薦序

作者序

第1章

揪感心 我的貴人朋友們

第2章

別懷疑 專屬天賦會找上你

第3章

只要一支麥克風，我就給你全世界

第4章

一明會客室，放送人間溫馨情

第5章

何德何能
愛心助人又金獎加持

加映

誰都比不上我的神阿公、富爸爸

推薦序

樣樣都做得有聲有色

說王一明是個好奇寶寶或是過動兒應該不為過，從年輕時到現在，人生經歷一環接著一環，似乎沒有停歇過——配音員、房仲業、唱片公司業務、廣播節目主持人、秀場主持人、畫家、相聲演員（國台語雙聲帶）、書法家、購物專家……。哇～這些角色身分也太跳Tone了吧！

然而，這些角色的背後動力卻是來自王一明好學、肯學、不認輸的特質——好學，頭腦必須靈活；肯學，為人必須謙遜；不認輸，心態必須堅韌。綜合以上的人格特質，難怪人生可以有這麼豐富的歷練，而且樣樣都做得有聲有色！

聽說一明一直也有意跨行做音樂？（唉喲！我是該鼓勵你呢？還是要你別來搶飯碗呢？）

《王一明廣播會客室，放送人間溫馨情》新書應該算是王一明的前傳，在這段宅在家的疫情期間，難得有這麼充裕的時間可以好好回顧人生，重新審視自己走過的路，這也算是鍛鍊心靈的健康操，完全發揮了王一明不浪費光陰的本能！

我在教歌詞寫作時常常告訴學生一句話：失戀一次可以寫好幾首歌——剛失戀時、失戀一個月後、失戀一年後、失戀十年後……，因為在人生不同的階段或者年紀，對同一件事的心境感受會有不同。寫作也相當是對自我內在的治療，利用文字書寫可以更有條理來梳理內心塵封已久的聲音，回頭看看，也許會有不同的心境體會和收穫。

恭喜王一明又多了一個頭銜——作家，為你的斜槓人生再增添一道多姿多采的風景線。

歌手、創作人、製作人、音樂評審　丁曉雯

推薦序

天縱英明的王一明，做什麼像什麼

王一明簡直是天才，他的專職是廣播電台播音員，同時又是優秀的畫家、書法家、主持人、編劇、台語相聲演員。他可能是天縱英明故「無所不能」，也有可能是「少也賤，故多能鄙事」。一明才高八斗多才多藝，如果有所謂「十八般武藝樣樣精通」，那一定非他莫屬。

我和一明相識是緣自「台灣答嘴鼓」，已經忘了當初是我先認識他，還是他先找上我，反正他才華洋溢光芒四射，讓人不得不注意到他的存在。長期以來我在開車路上，總是要聽他的台語相聲，就像是老友陪伴旅程沿途搞笑一般。

多年來一明推廣台語相聲，定期出版「台灣答嘴鼓」作品，不僅娛樂社會大眾，更保存推廣台語之美，而且他不只自己說相聲，還牽拖全家人，將老婆、小孩全部拖下水，參與台語相聲演出，簡直是「一門忠烈」功在相聲藝術。

王一明的台語相聲不僅生動活潑、詼諧有趣，更深具人文內涵，與一般時下開黃腔、講屁話的餐廳秀截然不同。相聲表演需要才氣，編寫作品則需要學識，我相信他在撰寫相聲劇本時，必定耗費許多時間，蒐集資料、閱讀相關書籍，才能使相聲的內容兼具廣度、深度又有趣味性。這種功力絕非一般綜藝節目主持人所能勝任。

一明在搞笑之餘，對生命的態度卻是十分嚴肅，幾年前一明曾經罹患重病，痊癒之後他的人生觀有重大改變，瀕臨死亡的經驗使他珍惜每一段時光、每一個人、每一件事，對生命的體悟也更深刻，此後他像是哲學家、智者，這是他在嬉鬧搞笑的背後所不為人知，深沉內斂、充滿智慧的另一面。

一明出版相聲專輯又出書，從此他又多了作家的身分。其實什麼身分對他而言並不重要，反正他早已擁有許多種職銜，更重要的是他活在當下，做什麼像什麼，他總是認真地面對他的廣播節目、書法繪畫、相聲作品和自己的人生。

站在傳統藝術本位的立場，我期待一明日後能繼續發揮他的才華，運用學識內涵和生命體驗為「台灣答嘴鼓」創作更多的優秀作品；台灣目前並不缺播音員、畫家、作家，但瀕臨失傳的「台灣答嘴鼓」卻亟需他的投入與堅持，有天縱英明的王一明，台語相聲藝術將會更精采。

台中教育大學台灣語文學系專任副教授　林茂賢

推薦序

幽默麥克風下的人生智慧

和一明哥初相識是在電視台工作時，當時他負責主持節目「司機俱樂部」和夫人梅子姐穿插答嘴鼓單元；後來，也播報台語新聞，輕鬆幽默的風格，跳脫了電視台制式的播報框架，獨樹一格。

相識一晃眼超過十年，只能說我眼中的這位大哥像座寶庫，認識越久越發覺得他才華洋溢。近年很流行一個詞叫「斜槓人生」，一明哥應該是早在這個詞出現前，就把斜槓精神發揮到淋漓盡致了。

之前從閒聊中，總是東一點西一點拼湊出我眼前這位大哥的過去與現在，有趣的是怎麼常常聽到不一樣的片段？他的人生哪來這麼多有趣的故事？沒想到我眼前的廣播主持人，過去當過房仲、當過購物專家，甚至還能說起一口流利相聲。妙語如珠的一明哥，提起筆來更是寫得一手好書法，就連畫畫也難不倒！

這本書出版之後，一明哥又多了一項作家的頭銜！聽著他過去的人生經歷，我總覺得他好似一天有超過二十四小時，再不然便是有過人的毅力，才能在這麼多領域努力鑽研。

在廣播、相聲上，他和人生搭檔梅子姐抱回了金鐘、金曲獎座，他持續推廣說唱藝術，也獲得了中國文藝獎章的肯定，更難得的是在本業之外，他們夫妻檔古道熱腸、關懷社會，時常親自探訪弱勢家庭出錢出力，不但在雙北發起「愛心待用餐」長達八年之久，即使遇上疫情仍協助店家努力撐著，只為了讓社會角落的人們可以有尊嚴的飽餐一頓，實著令人感佩。

今年在林安泰古厝的書法展上，我親眼見到一位聽友廖阿姨，抱著個沉甸甸的撲滿，裡頭是她從事打掃工作日復一日攢下來的銅板，收入不豐的她說是要響應「愛心待用餐」。蝴蝶效應帶起的善循環，一明哥已功德無量。

交友滿天下的一明哥，即使初相見，也總能用那一見如故的熱情讓人敞開心扉，「世事洞明皆學問，人情練達即文章」，我想那是他走過人生風雨所歷練出來的智慧累積。

這樣一位令我尊敬的好大哥，開口說要小妹我幫他寫序，身為晚輩實在不敢當，但就聊聊我眼中的一明哥，其他的部分就留待讀者們跟著書中的故事，親自挖掘字裡行間的寶藏吧！

台視新聞主播／「台灣名人堂」主持人　侯乃榕

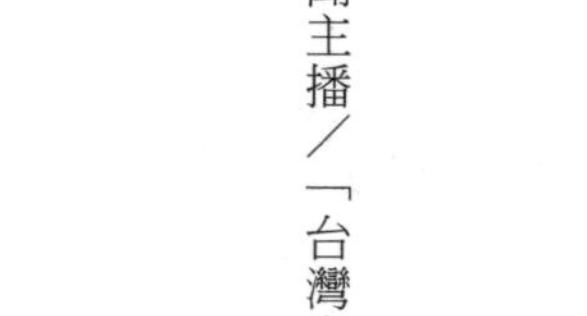

推薦序

抱持傻勁、為土地努力的播種人

二〇一三年六月八日，咱北上參加第二十四屆傳藝金曲獎，因這活動認識了以「台灣答嘴鼓之媽祖」入圍傳藝金曲獎的一明兄、梅子姐賢伉儷。

答嘴鼓跟相聲內容差不多，都得掌握說、學、逗、唱這四項，或講或演或唱，使人們舒爽、開心。雖說在搞笑方面，咱也不陌生，但要讓人在哄堂大笑或會心一笑後，還能知道點兒東西，這就得靠學識涵養。

一明兄的作品巧妙的將掌故軼事羼入，再藉此引出趣味，讓咱覺得要學的東西可多著呢！後來得知，一明兄是相聲名家吳兆南大師的記名弟子，這也就不意外了，名師出高徒嘛！

話說回來，這答嘴鼓只是一明兄眾多才藝的其中一項，廣播才是他的正職。這麼多年來，咱對一明兄的觀察，他是一位感性大於理性的播種人，廣播是他播種的工具，每天都灑下利人、利己、利社會正向的想法。

發起待用餐、訪視生活困難的人、捐贈物資、書法作品義賣……，無一不是藉以引起聽眾們的善念，進而共同參與；除此之外，出版答嘴鼓專輯也是在保存及發揚台語的美，為台灣文化播種。

上頭為啥說他是一位感性大於理性的播種人？因為理性的人就不會做這種不怎麼賺錢甚至會賠錢的事，而且還一直持續中，說白了就是抱持著一股傻勁兒，一點點一點點努力做著他想像中，這塊土地該有的樣子。

文史藝術家、台灣語文藝術工作者　恒春兮

推薦序

最欽佩這樣能文能武、用心為善的廣播人

我曾經擔任廣播金鐘獎節目主持人獎評審委員，在評審名單中看到王一明和梅子主持「台灣答嘴鼓」節目，一聽就驚艷，談話輕鬆、自然流利、聲音響亮，於是圈選他們入圍，他們果真就榮獲了二〇一二年廣播金鐘獎最佳綜合節目主持人獎。

二〇一五年在第五十屆廣播金鐘獎頒獎典禮，我擔任引言人，在國父紀念館遇到王一明，但我認不得，反倒是他看到我就說：「紀老師，我叫王一明！」個子高高長得帥帥的，很隨和，這是初次見面的印象！隔年，又在廣播金鐘獎頒獎典禮碰到，我和他同為頒獎人，再次見面就更加熟悉了。

我曾向他提過，很欣賞阿國（本名洪宗適，廣播電台主持人），是個人才，想當面鼓勵他別因新聞事件而氣餒，可惜聯絡不到人。二〇二一

年初，在番王老師（本名王吉宣，國寶級的薩克斯風演奏家，享壽八十歲）告別式，我們又見面了。隨後，相約去咖啡廳，先是看見梅子，沒多久，我想要鼓勵的阿國也被一明約來了！言談間，發現這對夫妻是這麼和睦善良，彼此更是合作無間的好搭檔，難怪節目受歡迎，真不簡單！

得知王一明默默做好事、做善事，幫助很多兒童、老人家、無依無靠的人……，對他印象更深刻，又更敬佩了！前幾天，他邀我寫推薦序，進一步了解他的背景後，才知道長年來他不只做善事，還是能文能武的人才，開過多次書法展，得過好多次金曲獎和金鐘獎，很用心宣揚台灣文化，真是深藏不露的廣播人！

我不善於言辭，也不會寫文章，但這是我真誠的心裡話：王一明聰明才智不在話下，很有內涵又非常善良，待人接物隨和，是我打從心裡敬佩的廣播主持人。

國寶級歌手、金曲獎「特別貢獻獎」得獎人　紀露霞

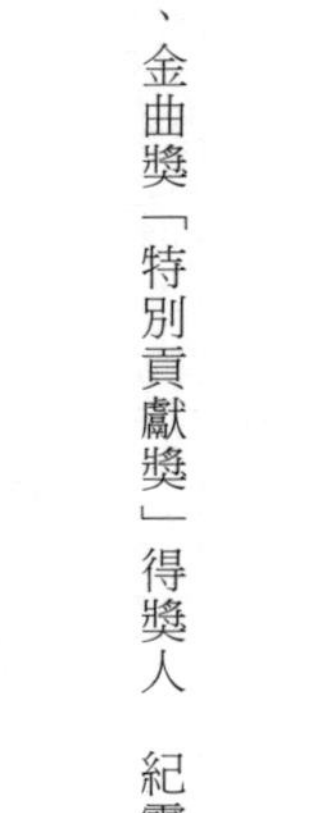

推薦序

我眼中的藝文跨界奇才

猶記得四、五十年前啊，經國先生當家的那一年（一九七八年）開始，台灣的經濟奇蹟開創了史無前例的一片榮光。對於我們歌唱界，最好的年頭已經開始了。每次我從香港、新加坡等海外回來，都有經紀人在機場接機，向我會報接下來一連串的演唱會細節，台中、台南、高雄、再回台北，可謂唱不完的秀。甚至於大年三十到初一及整個春節年假，所有的檔期都已經定了。所以，那是我們演藝界最好的年代。

每次到台中，就會有一個小朋友——我的小跟班兒迎接我，直到我離開台中，總是從早上就亦步亦趨地在一旁守著，到晚上我下場之後，他才悄悄地回家。他叫王騰懋，那年十五歲。我就是看著他長大的！

我們一同走過三十五年的歲月，一直到今天，我見證了他在中國電視公司的新聞節目做台語主播，那些年我對他感覺特別驕傲。一個單親的十五歲的少年，一步一腳印地走過這段艱苦的歲月，在成長的過程中，他走向他最喜歡的表演，尤其是在三台裡面非常重要的電視台——中視，做新聞主播。

之後他和他的另一半梅子，一同開創廣播節目，台語國語雙聲帶。儘管廣播的聽眾不會像電視那麼廣泛，但是他們做的節目是細水長流，而且卓越成就而令人驚嘆。

而今他又給我出了個題目，要為他自傳式新書寫推薦序，哎呀，這是個好消息。因為我覺得，如果有一天他的文學成長，能夠像他的書法一樣有性格，這又是一個跨越。所以我帶着祝福，希望他的這本自傳式新書能夠是他一生當中最重要的歷史過程紀錄。我想在他的這本新書內容裡一定少不了我，因為我的生命裡面也少不了他。

我在這兒祝福小倆口能夠成為廣播界的，甚至於文化界、文學界的黃金搭檔，歲月同好。

「八千里路雲和月」製作主持／文史工作者　凌峰

推薦序

一個被廣播耽誤的畫家

我有很多學生，很多傑出的學生，我成就了他們，相對，孩子們也成就了我。

騰懋，也就是如今的王一明，特別與我有緣，他們家裡三個孩子都是我在育仁小學的學生，除了一明與我家老二婉瑜同班，善解人意溫婉的大姊純瑩也和我家老大九年同窗，無巧不成書，我家老三又與他美麗多才多藝的妹妹郁惠一個班，兩家孩子自小玩在一起，幾十年來從未斷過聯絡。

一明在育仁小學畢業後，就讀衛道中學時，他媽媽毫無預警的離開這個世界，對我們家也是震撼！所以，一明愛開玩笑說，我不但是老師，情分更同乾爹，可不是，我視他們一如己出啊！

從小就才氣出眾，也是常會逗我笑，較會吵氣氛的學生，與人相處一樣，真誠中夾雜嘻笑方式，人緣忒好；加上才思敏捷出口成章，曾幾何時「主持人」成為他的工作，台上台下談笑風生，廣受好評，深得相聲泰斗吳兆南老師賞識指導，並收錄門下成為記名弟子，連續幾年拿下廣播金鐘獎與金曲獎。

但是，他也有靜下來的時候，我若在說話，他總能在旁靜靜聽著，宜動宜靜的王一明，或許才是真的他，能大放大鳴，時而寧靜。

二〇二〇年冬，我蒙國父紀念館邀請在中山國家畫廊舉辦個展，一明總會找時間過來陪我。在一次送我到高鐵站的路上，我鼓勵他何不將幾年來主持節目的精采段子，以及體悟與生活經驗集結成書。沒曾想他真放在心上，二〇二一年利用疫情多了點空檔，認真爬起格子。

一天，我在家隨機打開電視，黃子佼正在訪問一明與梅子，節目一開始他就提到我對他的影響，內人即刻去電讓他也看電視，想不到在電話那頭，他也正想告訴我書寫好了，盼望我為他寫「序」。

我是一個畫家，自小教一明畫圖，知道他的天分，常勉勵他多看多畫多寫。雖然欣賞孩子在說唱相聲藝術及廣播節目主持的成就，但最堪慰老懷的莫如二〇二一年春天，他在林安泰古厝展出構圖及布局頗佳，有自己風格且不失古味的書畫展，以及即將出版的這一本書。

謹以王一明書畫展主題「被廣播耽誤的書畫家」為題作序，代表我對一明的肯定與鼓勵。

台灣中部美術協會榮譽理事長　倪朝龍

倪朝龍

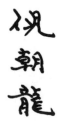

推薦序

總讓人驚喜連連又堅持信念的老朋友

我和一明與梅子，是二十多年的老朋友。

當年，他們的電台老闆與我在同一個扶輪社，老闆是社友兼任節目主委，要負責安排每周演講嘉賓及年度大型活動，一明和梅子總是在電台工作後，額外為社團做老闆交待的事。我們這些社友，看著他們在工作中做節目，在社會上做老人院義工，在社團中為老闆無加班費辦活動，總是跑上跑下，頓時讓社裡變得青春活潑許多，舉凡侯德健、李敖、吳兆南等許多大師級的演出或演講，他們總能邀請到新竹來，實在不簡單。社友們都喜歡這對年輕人，主動邀請他們入社當社友，而非跑龍套的小弟小妹。

入社後，他們竟然跌破大家眼鏡，辦個瞠目結舌的活動：在日間老人照顧中心結婚！

我見到他們白手起家，由廣播轉電視，婚後到台北發展，兒子王者（取此名有夠氣魄）出生後，一明竟突遭電視台非自願性離職，他不但沒被命運打倒，反而投入時間心力，承先啟後，為民間說唱藝術，創造出自己的品牌：「台灣答嘴鼓」相聲專輯。

一明和梅子每每都會拿著該年度的新專輯ＣＤ送給我，我替他們感到開心的是：無論賺錢賠錢，創作從不間斷，這份執著與毅力很不容易。如果剛開始的第一張就得金曲獎的肯定，維持三分鐘熱度，或許出個五張八張也就足矣；但是，目前已經出了二十幾張，還在推廣他的恩師吳兆南所傳承的相聲藝術，不遺餘力，即使此舉不像其師的時代能賺領豐厚版稅，也從未讓他們因此累積財富，一明也甘之如貽，如愚公移山，如蝸牛慢步，少言多行。這樣子的氣度風範，他們倆二十幾年以來，未減分毫。

他們再度回到電台，也算是重操舊業，一般老鳥心態會得過且過，但是見到兩人不服輸、不服老，年年入圍廣播金鐘獎節目及主持人獎，得獎後還幾度擔任表演者及頒獎人，雖然早已是「師字輩」的人物了，但為人不卑不亢，謙遜如昔。而我們多年的情誼，儘管不常見面，仍然始終不變，一明每年的聖誕卡片問候，及新專輯的驚喜，讓我感受到老朋友的溫暖與堅持。

工作的關係，這幾年來我從新竹上台北在行政院服務，這對弟弟妹妹知道後立刻跑來行政院看我敘舊，見到王者長大了很為他們高興。一明和梅子他們常在電話中，親切地提醒我要找時間多休息，多保重身體，熱情體貼，這二十幾年從未變過。這與他們在電台節目辦愛心待用餐及社會關懷從不停止一個樣，我感念在心。

一明出第一本書，要我這老朋友寫序，我開心之外，想起了我們哥倆好的共同的雅興，就是愛好寫書法。只是，這次我這支筆不寫律師信，而他也不寫相聲段子，我們默契相約，尋機作伙來鬥陣，邊「揮毫弄墨」、邊「答嘴鼓」相娯如何？

行政院政務委員兼發言人　羅秉成

作者序

優點請掌聲鼓勵、缺點請批評指教

大家好！我是王一明！

有些朋友聽過我的廣播節目，有些人買過我的台語相聲「台灣答嘴鼓」CD，有些人可能不認識我。

我是一個年過半百的中年人，生涯規劃並沒有寫書這件事，但是，人生如戲，我利用台灣本土新冠肺炎的三級警戒期，完成這本書。

認識我的人，會讀得津津有味，書中文章跟我的廣播節目很像，有啥說啥，有啥寫啥，算是我的前傳，心肌梗塞病危那段人生經驗，則輕輕帶過。

我想帶給讀者的是，一個真實的普通人！

不認識我的人，當作看故事書，如果有優點，謝謝您的掌聲，但如果有缺點，還望批評指教。

電台節目通常分別為二種。

一種是氣質的、流行的、都會的，國語發音居多；另一種是賣藥的、老派的、本土的，台語發音居多。

這兩種主持人，前者往往自稱DJ，年輕有朝氣，在未成氣候前，薪水往往與知名度不成正比，但是勇於衝出殿堂，一生矢志拿下廣播金鐘獎；後者或稱播音員，以賣藥業績或自立門戶當老闆為榮，不看底薪，月入十萬百萬，甚或是掌櫃的，因賣藥家財萬貫，富可敵國。

若是只有當主持人，起碼收入頗豐，節目品質好壞並不重要，一天賣幾瓶藥才是重點，心裡也想金鐘獎，卻在節目廣告藥品時又忘記端出好內容，只要聽友call in買藥，有沒有先關收音機造成回授而影響節目品質已經不是考量，錢來也，才是王道。

這二種節目，您喜歡哪種？我慢慢在書中都會提到。

我每每跟一些電台老闆聊天，說到廣播電台主持人的才藝、業績並不重要，那麼，啥才是用人首先要考慮的？請讀者看完此書多多指正。

我只能代表我，不足代表全廣播圈，但，若當作讀小說或傳記，倒是可以翻翻此書。若說到廣播節目的與時俱進，我們也製作Podcast，歡迎您搜尋王一明、梅子、王者三人主持的「老王跟小王」，聽聽看！笑一笑！

心誠知己滿天下，奮勉求精立萬年。

我這拙作，歡迎您坐坐、看看。

王一明

第 1 章

揪感心
我的貴人朋友們

1 我願意做相聲的傳承人，無論是華語還是台語

我要謝謝我媽媽當年花了一百元，買一個匣式錄音帶給我聽。而我現在也在說相聲給別人聽，雖然是台語的，但是我願意做相聲的傳承人，無論是華語還是台語。

記得某次機會裡，就讀國中的姪女宸瑀跟他的偶像劉增鍇見面，劉增鍇當面跟她說，長大千萬不要學相聲，因為怕會餓死。

劉增鍇會這麼說，是因為他覺得此行在賺大錢上，並不是太容易的行業。別人如果誤會也就罷了，可是像他人稱劉大學問的「相聲秀才」，一輩子從事相聲行業的人來說這一句話，可就不是玩笑話了。

相聲，說得比唱得好聽，但是要養活一群人，又要兼顧理想，除了要有演出場次跟票房，要有傳承的心，還得有使命感。

無論如何，這一切還得從我小的時候愛逛唱片行說起……。

我的媽媽很愛聽歌，白光的「夜上海」、周璇的「天涯歌女」、楊燕的「王昭君」，以及印象最深的黃梅調「江山美人」、「梁山伯與祝英台」；只要她看完電影，就會買黑膠唱片回來播放。

我是個孩子，大人聽什麼，就跟著聽什麼。久而久之，也就會跟著哼唱，我唱「梁山伯與祝英台」電影的黃梅調，是不需要看歌詞就會唱的；當然，也喜歡跟著逛逛唱片行。

記得大概是小學三年級吧，有一次看到唱片行的匣式錄音帶專區，有一整排的相聲集錦，雖不知相聲為何物？卻深深的被封面上的兩個漫畫公仔吸引。

漫畫公仔一個是西裝頭，一個理平頭，

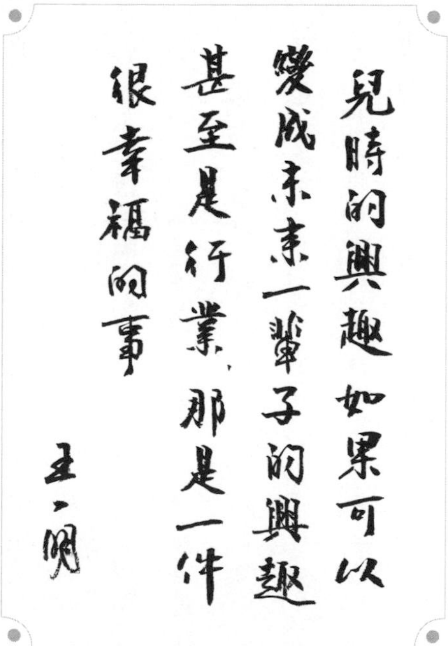

兒時的興趣 如果可以
變成未來一輩子的興趣
甚至是行業，那是一件
很幸福的事

吳兆南＆魏龍豪「滿漢全席」

裝出很可愛的表情，手持扇子，身穿長袍，嘴巴張的很大，我禁不起好奇，拜託媽媽買給我。

裡面有一些相聲段子，我聽完了以後哈哈大笑，原來相聲是這麼可愛的東西，「數來寶」、「籃球賽」、「滿漢全席」……，像這一些連小朋友都會喜歡的相聲段子，想不到會影響我一輩子。

時光飛逝、歲月如梭，二十幾歲的時候，錄音帶上面那個梳著西裝頭的魏龍豪去世了，我是如喪考妣。聽說那個理平頭的吳兆南因此回到了台灣參加拍檔的告別式，我也就亦步亦趨的注意著影劇版的新聞，嚮往之情油然而生。只不過，萬萬想不到有這種緣分，後來能夠成為一代相聲大師吳兆南先生的記名弟子。

而我剛剛提的劉增鍇，也就是我的師兄了。他讓他的徒弟們天語、天意、天藍、天天喊我師叔，更像一家人。現在，他仍然在為相聲努力奮鬥，即使疫情重創藝文表演業，也不輕言放棄。

一個人在兒童時期的興趣，如果可以變成未來他一輩子的興趣，甚至是他的行業，那是一件很幸福的事情。

2 頭號偶像高凌風的情義相挺，值得我一輩子愛他

兒童時期的偶像，會讓你喜歡很久；如果是青春期的偶像，那會讓你愛他一輩子。

我在青春期的時候，台灣的國語流行歌正在全球華語市場當道。水瓶座的我，喜歡標新立異，頭號偶像是已故歌手高凌風，以及他身旁的合音天使阿珠、阿花。

起先是小學同學卓立群在學期末同樂會上模仿高凌風唱「姑娘的酒窩」，再則高凌風的綜藝節目「臨風高歌」在周末中午時段播出，當年只有華視、中視、台視三台的年代，我很容易就注意到這個節目，當然就莫名瘋狂的愛上他。

當時我剛升上國中的姊姊純瑩，因為正值少女時代，很愛瓊瑤的小說，所以那一年看完賀歲電影「燃燒吧！火鳥」後，買了一捲由高凌風主唱

的電影主題歌卡式錄音帶回來，我聽完了以後就開始學電視上的高凌風，縮短脖子，鼻腔發音，躺在地上唱，高舉麥克風架，一學就是一輩子。

後來，「臨風高歌」結束了週末的檔期，而轉到華視禮拜四晚上九點半的時段，一樣廣告滿檔，讓華視的員工都領到了很多年終獎金，我長大後才知道，原來大牌藝人是這麼會賺錢！

高大哥除了是電視知名主持人，當然也會降落在你的身邊！當年只要你願意花五百元，就可以到台中市市中心的聯美歌廳，他會來唱歌給你聽。

我總是會在舞台下期待著阿珠、阿花先出場，舞台上鑲亮片、開高叉、雙腿筆直，讓國中生的我，彷彿能聽見自己的心跳聲！

主持人倪敏然、張菲介紹高凌風出場前，吉他手黃東平，鼓手薛岳都會先熱場，再來就是青蛙王子高凌風出場樂！被他們這樣一搞，你就會看到一隻「大青蛙」出來比很多的姿勢，我也就跟著開心地渡過一個下午。

我還記得當年有一檔，楚留香鄭少秋從香港來到台灣登台，跟青蛙王子比秀場票房，結果是我們大勝！這個新聞在媒體被報導了以後，我還是覺得本土的青蛙比香港的香帥來得太好、太好了！

直到某一天，我憑著一股傻勁走到後台，看到阿珠、阿花就在我的身邊，還有陽帆、熊海靈跟倪敏然、張菲，最後我鼓起勇氣去跟高大哥說話，希望他能夠讓我上台主持節目，他跟我說好好好的時候，我已經被警衛拉出去了……。

緣分是如此奇妙，吸引力法則，把我們兩個男人連在一起。幾十年後，我在東森購物主持的某一天，見到青蛙王子降臨攝影棚，於是我主動上前寒喧，而這時警衛不會再將我請出去了，因為我是主持人，高大哥是我的來賓。

當時我真的不敢相信，小時候的偶像，有一天會成為我最好的朋友跟大哥。

有一次，高大哥讓我幫他寫新專輯的文案，想不到還真的用上去了。他還送給我很多他代言的火鳥咖啡，讓我喝喝看，那一次以後，我就知道犀利士加咖啡，遠遠勝於美酒加咖啡，如果是男性讀者，應該懂我的意思。

記得某次他過生日，我帶著全家去到高大哥新店的豪宅幫他慶生，現在看到這一些相片，好像還是昨天的事情。

我首次開了書畫展，有一幅「燃燒吧！火鳥」，高大哥為鼓勵我表示要收藏，但是我堅持送給他，表示我心裡面的榮耀。

我第一次買房子的時候，高大哥跟小金，也就是我當年的大嫂，還特別來家裡面看我的那個二樓公寓的破房子。

我也曾經失業一年，在那段時間卻因為某個機緣，我介紹了高大哥一個廠商讓他代言床具，他開了六十六萬元的價錢；之後，直接把六萬元的現金拿來幫助我，叫我一定要收下來。那一筆錢對當時的我來說，是絕對的感恩，勝過於實質的生活費。

我主持電台節目之後，高大哥親自來到我的節目裡面Talk Show，我帶他去吃牛肉麵，在馬路上，他搭著我跟我太太的肩膀聊天，我們一起去逛唱片行，他還說我的台語相聲唱片擺在眼前，比他的ＣＤ還要紅，根本就是故意鼓勵的行為。

當我在中視開了一個「司機俱樂部」的節目，高大哥專程來當我的來賓，不嫌棄通告費其實並不多，他也非常開心接受觀眾的 call in，以及我這個台語主播兼主持人跟他合唱他的歌曲！

後來天不從人願，高大哥得到了血癌，我跟太太第一時間去醫院看他，現在到網路 Google 都會看得到當天的媒體記者採訪他，後面推輪椅的就是我。

我跟高大哥有很多的合照，而流傳在網路的這一張是永遠的回憶。那一天，他很脆弱，也很堅強，我很難形容。

高大哥在過世之前一個禮拜，突然之間打電話給我，我們聊了半個小時，其實聽得出來他很脆弱，身體很虛，我一直很鼓勵他跟病魔對抗，但是他只告訴我，我是他最羨慕的人之一，原因是他那個時候已經離婚了，但是看我的家庭完整，他覺得非常的欣慰，也非常羨慕。

沒有想到再過一個禮拜，就聽到他過世的消息，當天晚上我很生他的氣，他怎麼可以這麼早就離開？我從晚上哭到第二天。

小金讓我在告別式前一天去看高大哥換衣服，我這位前大嫂可是把我當成家人看待，但是我沒有勇氣看到我的偶像變成棺材中的大體，在高大哥過世的當天，我用他的名字捐了一萬元的現金去做公益，我希望他從此無憂無慮。

高大哥告別式的時候，我去載凌峰哥一起參加。台北市第一殯儀館的門口有太多的媒體記者，但是我眼裡只有在入口處他表演的服裝展，亮片秀服、墨鏡手套、配件帽子，以及裡面布滿了他的巨幅相片，永遠的青蛙王子！

如果你青春期的偶像，是你這輩子最愛的人？那麼在天上的高大哥，將是我一輩子最甜蜜的回憶，直到現在，我的車上音響都還是常常播放他的專輯。

3 十來歲的我，和綜藝泰斗凌峰成為忘年之交

吳兆南大師的相聲影響了我的童年，高凌風的流行歌曲影響了我的青少年；那麼，接下來的這一位，直接影響了我一輩子……。

在只有三家電視台的時代，如果能夠獨當一面主持一個綜藝節目，那無疑已經是台灣綜藝界的泰斗了。

他，就是凌峰。

而我就是這位綜藝泰斗凌峰的小粉絲，從主持「神仙老虎狗」，他的演出對我來說好比鑽石那般閃耀，只是當時我對鑽石的鑑賞能力，就是一個直覺而已。

「神仙老虎狗」的後期，凌峰大哥為了拍一部關於武昌起義的「辛亥雙十」電影而剃成了光頭，從此以後他的時代正式來臨。

光頭這個招牌髮型，在當年那個尚稱保守的年代，反而成了印記與標

誌，相當好認，藝人如此跳出來，運氣也變好，節目自然就獨挑大梁了。猶記得鄧麗君當時製作勞軍節目的「君在前哨」，也邀他去客串主持，贏得了貴人的賞識，從此以後，台視的「電視街」，正式有了凌峰獨當一面的時代。

我把他的時代快轉一下，凌峰大哥曾主持過台視的「電視街」、「鬱金香」，華視的「香格里拉」，中視的「週末8點」，一直到台視「玫瑰的夜晚」，快轉完畢。他也因此獲得了電視金鐘獎最佳歌唱男演員的殊榮。

而我，從「電視街」的時代，就不斷的寫信到台視給凌峰大哥，他甚至會在片尾的時候，當面回信給我，對一個國中生來說，這可是了不得的開心事。

趁他來到台中聯美歌廳駐唱一個禮拜的時候，我鼓起了勇氣跑到了後台，去跟他說我就是那個寫信的人！

這一次，我沒有被警衛請走，而是直接跟凌峰大哥變成了一輩子的忘年之交。

凌峰「船歌」

我們見面的第一天，凌峰大哥也不敢相信，常寫信給他的王騰懋（我的本名）竟然是個十幾歲的孩子。這種感覺很難想像，通常都是在電影裡的情節才能看到：大明星主動要求來我家坐坐泡個茶，留下電話及台北家裡地址給我，方便日後聯絡。

從此以後，每逢暑假寒假，我就會到台北小住幾天，像個小跟班一樣，凌峰大哥到哪裡，我就跟著到哪裡，他也不會嫌我煩，如今想起來，我除了感恩，沒有別的。

可能是我跟他都姓王的原因，所以他也很憐惜我這個十五歲就沒有了媽的孩子，不斷的鼓勵我要用功，久而久之，我也變成一個喜歡舞文弄墨的人。

我從凌峰大哥這裡，認識了國畫大師李轂摩，李老師也在字畫當中影響我很多。凌峰大哥的家裡面除了有李老師的水墨畫以外，吳昌碩的對聯、韓美林的老鷹、楚戈的寒山、董陽孜的榜文、星雲大師的書法、江兆申的堂號、陳奇祿的碑楷。

另外，還有很多人親筆揮毫寫下的「八千里路雲和月」，包括沙孟海、李奇茂、程十髮，當然還有李轂摩老師的。這些人的書法真跡，讓我覺得他家就是一個小型博物館，也足以讓我流口水，卻又怕口水弄濕了這些字畫。

凌峰大哥不斷要求我的書法要日新月異，精進再精進。我從學生時代到現在，已經年過半百很多了，從來也沒有把毛筆放下來。

那麼，凌峰大哥影響我多深呢？

一個人如果都要學偶像？那就乾脆學得像！

凌峰大哥吃飯超級快，而且聲音很大，喝湯的聲音會吵到隔壁桌。我也跟著他喝得很大聲，每次就會被他瞪，警告我不准學他，因為他明白吃飯大聲是沒有禮貌的行為。

他是一個明星，穿的衣服總是比較亮一點，而我在高中的時候，竟然也學他穿衣服戴帽子，走路的樣子更要外八！

凌峰大哥還有一個小習慣，雙唇不時用力的扁嘴，他扁嘴是在思考，我也覺得我隨時應該要思考，但是我在思考什麼？連我自己都不曉得！

他常常說自己的心情不好，這一句話反而也變成我的口頭禪，我覺得心情不好的人就是明星，我非學起來不可！

凌峰大哥常常胃痛，把手按在胃部，而讀高中的我也東施效顰，覺得手按著胃是很瀟灑的動作。

我住在他家的時候，他起床會開嗓唱歌，回到了台中，變聲期的我也每天起床練嗓子，吵到我的弟弟、妹妹，覺得這個哥哥是個瘋子。

凌峰大哥在台中唱歌時，猶記得一檔就是一個禮拜，而我也跟班整整一週，完全不會缺席。下秀休息後，凌峰大哥帶著大家一起去吃飯，當年也才四十幾歲的他，會牽起和音跟舞群，我跟當時的大嫂就走在後面。

最壞的習慣是受凌峰大哥的影響，到我自己長大了以後，也會隨手牽起身旁的小女生，表示照顧之意，我覺得這是一個好 Man 的行為，而這個行為讓我太太適應了二十多年，到現在還在嘴碎我。

高中時期，每次到了台北的家裡住下來，也會學凌峰大哥熬夜，因為他晚上喜歡聽演奏音樂，像是上揚唱片的「台灣四季」，這種專輯是當年的我不會去模仿的，因為我當年只愛聽凌峰與高凌風唱的歌，我總算有不模仿他的地方了。

然而，現在的我過了半百，竟然也愛上了上揚唱片的「台灣四季」，只是當年他是聽卡帶，我現在是聽CD……。

凌峰大哥跟我三十幾年的感情，從來沒有斷過聯絡，我喜歡每次上台北到他家，就被他叨唸。這時候，他會打開他抽屜裡滿滿的剪報，問我這一年讀了多少書？他會一邊泡熱茶給我喝，一邊跟我說大江南北海峽兩岸，只要我的話題跟不上，那就是被他唸一頓，但是我覺得被他唸是很幸福的事情。

凌峰大哥唯一永遠會誇讚我的兩件事情，就是我的書法，還有我那個長得胖胖的太太。

我在猜，因為我太太長得胖，也不是個大美女，因此他就覺得我娶對人；如果我娶到一個像芭比娃娃身材的美少女？他可能就不會一直誇獎我的太太了吧？

他認為我是娶妻娶德，彷彿娶美少女難照顧，就不是好媳婦！

我到中視做了三年的台語主播，凌峰大哥看到別人就介紹我是他帶出來的，原來我也可以讓他以我為榮。

我們的深厚感情，可以再回溯到更早之前，在我們認識很久之後，我便自然跟著他出道，在他的公司上班（這是我人生的第一份工作）。回想起製作「八千里路雲和月」時，他找來了一些班底，想要去中國拍攝，而未服兵役的我就在台北守著我們的基地「荊谿春水堂」。

「荊谿春水堂」是一間凌峰大哥與收藏家王度先生所開設的茶藝館，我當時就浸淫在明朝的時大彬、清朝的陳鳴遠、近代顧景舟與蔣蓉等中國國家一級工藝美術師的紫砂茶壺雜項等藝術生活中，而這一些養分也成就了今天的我。

而因為凌峰大哥在這裡開店，座上的嘉賓往往都是余天、孫越、李立群、胡茵夢，以及香港來的狄龍，還有以後跟我很要好的潘越雲。對於一個孩子來說，我可以近距離的觀察著一些文化人在茶桌上面說話，其實有一些話是在電視上聽不到的，但是我聽完了以後，就慢慢地變成了日後的底蘊。

無奈在那個時候的他，因為「八千里路雲和月」並沒有得到當局新聞局的首肯，導致播出得並不順利，我也就暫時離開了凌峰大哥，回到了台中故鄉。

在凌峰大哥身邊的那一段初出社會的日子，除了「八千里路雲和月」的誕生，我也看到他失去了他的次女，三歲的年紀就因心臟病去世，是一個身為人父禁不起的痛。

至於我離開他了以後，他與前大嫂晏姊的離婚，與孩子們的緣分，與中國籍女子再婚的故事，想必各位讀者也都從網路知道了。

你們所不知道的，其實他並不是一個很好命的大哥，要照顧整個王家，負擔家族父母生活之外，一個弟弟、四個妹妹及其後代，整個大家庭的經濟，除了本身自己要硬起來，更要有肩膀跟責任感，這也是凌峰大哥影響我最深的一點。

數年前我心肌梗塞病危住院數日出院之後，跟太太兩個人去他家跟他報告這件事情，當我支支吾吾的開場，凌峰大哥嚴厲的叫我趕快說，我回答：「心臟病發作差點死掉！」

結果話說完，卻看到凌峰大哥老淚縱橫，卻又忍住眼淚，雙眼眶紅的不得了，那天我自己也哭到不行，我覺得我好幸福，有個哥哥這麼愛我。

凌峰大哥年紀漸漸的老了，這幾年也沒有住在台灣，但是也容我在這裡向這一位七十幾歲的老先生說一聲：「謝謝你！我愛你！謝謝你影響我！鼓勵我！」

高凌風和凌峰兩個大哥是影響我很多的人，而把話題再回到我的師父吳兆南先生，那就真的是恩重如山。

4 身為師父吳兆南的記名弟子，是最讓我驕傲的一個身分

我提到小時候因為錄音帶而愛上相聲，像我這樣子的孩子畢竟太多了。師父吳兆南所收的六個弟子，也是都在小的時候就聽他的相聲長大，連我這個記名弟子加起來，我們都是全台灣最幸運的小粉絲！

話說在二〇〇〇年的時候我結了婚，度完蜜月回到新竹，碰巧正在清華大學的圖書館裡知道師父吳兆南等一下會出現在西門町。

當時在西門町舉辦有吳兆南大師在場的相聲比賽活動，記得那是最炎熱的五月天，妻子梅子一邊開著車子北上，我一邊在車子裡梳頭、穿長袍，只為了參加比賽就可以見偶像一面，也忘記了天氣是多麼的炎熱。很幸運的，我們趕上了比賽。

在台下擔任評審的有師父吳兆南、侯冠群、劉增鍇、傅諦、星星王子，

在台上擔任主持人的有郎祖筠。

我就這樣子傻傻上了台，來了一段「單春」（即單口相聲之意），想不到得到了兩張相聲公演門票當作獎品，跟師父吳兆南合照完了以後也就開心的回到新竹。

此次公演「佛曰不可說！夫子曰大聲說！」是師父吳兆南收了六個徒弟之後的第一次公開演出。

在清華大學裡面的欣賞到偶像的風采，印象中相聲貫口活的「拳術」（「貫口活」意指一氣呵成的相聲表現形式。），真的是讓我流連忘返。我把早就買好的花束，含一張卡片，在謝幕的時候獻花，怎麼也想不到第二天會接到了吳兆南大師本人打來的電話！

緣分就是這樣子開始的……。

師父吳兆南每次回到台灣，我幾乎都會去接機跟送機，讓我對桃園中正機場從陌生變熟悉；而台北市四平商圈裡面，有很多師父吳兆南與我當年的足跡。

我陪師父吳兆南從台灣頭走到台灣尾，十八年的師徒之情，我們吃過的餐廳，到過的地方，實在不是這一本書寫得完的。

期間我從新竹到台北東森購物工作，再到現在的廣播電台，甚至我到中視主持節目時擔任我的首集特別來賓，他總是不斷的鼓勵我，也關心我的收入到底夠不夠？

他曾經問我要不要在南京東路買下一個預售案？讓我們一家三口住下來！只要留一個房間，當他從美國回來時也可以一起住。

我們萬萬不敢接受，怎麼一個記名弟子可以接受師父一棟台北市的新房子呢？他尊重我們的意思，最後並沒有買房子送給我們，只不過，誰知道最後我靠自己的努力買下房子，他還是把台灣的戶籍寄在我家了。

我有時候會得意忘形的說，我是吳兆南先生的戶長，其實心裡面很榮幸，他願意把他的身分證寫上我家的地址，直到他過世。

何謂記名弟子？大概就是記住名字的弟子吧。

師父吳兆南在收了六個徒弟之後，我們才開始結緣，已經關門的他，公開在媒體上面承認我這個口盟記名弟子，我只能說，雖然我真的很不才，但是我跟師父吳兆南的關係是這輩子最讓我驕傲的一個身分！

在我首張專輯「台灣答嘴鼓之有錢真好」得了傳藝金曲獎最佳戲曲曲藝專輯獎時，他為我們開心得不得了。不會因為他與大陸相聲家魏文亮同時也是入圍者，而覺得我們初出茅廬，怎麼有資格打敗他？與同時入圍的馮翊綱、宋少卿的「相聲瓦舍」，甚至當時還有國家級的演藝團體「客家採茶大戲」。

大師風範及其胸襟山高水長，可說是哲人日漸遠，典型在人間。

後來，師父吳兆南又親自跟我們錄製了兩張台語相聲專輯「師父出馬」、「阿彌陀佛」，而這兩張專輯也連續兩年入圍最佳戲曲曲藝專輯獎。

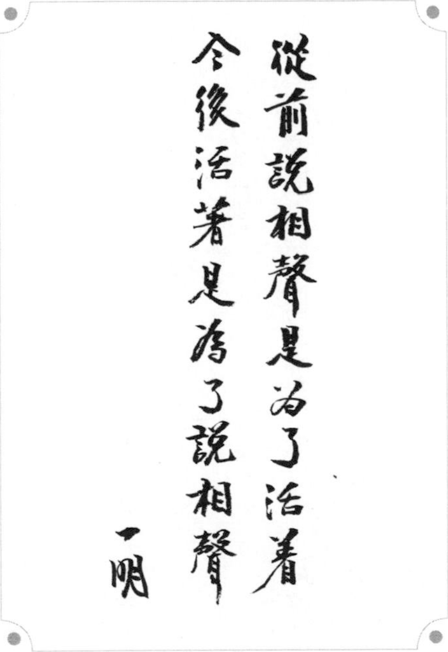
從前說相聲是為了活着
今後活着是為了說相聲
一明

我與妻子梅子也為

師父報名二〇〇九年的第二十屆傳藝金曲獎特別貢獻獎，也獲得主辦單位肯定榮獲此獎。

我們陪著當年高齡八十五歲的師父出席傳藝金曲獎，看他穿著西式禮服在台上說：「以前說相聲是為了活著，今後活著是為了說相聲！」感動到鼓掌拍紅了手掌，眼淚流濕了我的襯衫。

如今的我已經連續好幾年在台北廣播電台主持的廣播節目中，都會播放師父的相聲單元，希望將這一門偉大的說唱藝術，分享給所有有緣的聽眾朋友。

當然，也會播放自己的台語相聲，畢竟這是在當時出專輯的時候，收到師父滿滿鼓勵的產物。他覺得我們可以說自己的母語，讓台語變得更加親切又打動人心，從來不認為台語只是地方的語言。

而他送給我的最大的禮物，既不是他書法親筆的題字「台灣答嘴鼓」，也不是他親手書畫的扇子跟竹版，而是當我兒子在將近臨盆的時候，我斗膽央求師父吳兆南為孩子取個名字，他思考了三秒鐘隨口說出的「王者」！

王一明 & 梅子 「台灣答嘴鼓」專輯

王者就是師父吳兆南取的名字！

當我為孩子報完戶口，跟師父報告了以後，他才說明，「者」這個字，加上金木水火土都有字，者字最後有一點，現代人多半不寫了，於是把這一點隱形地加在「王」姓的頭上，就變成一個「主」字。

最後拍板定案名字的理由是，「王者」是非常好記的好稱呼，這就是他三秒鐘的靈感！

我何德何能得到這一個天上掉下來的名字，送給者兒，這可是一代相聲大師為他準備的，跟著兒一輩子的禮物！

師父吳兆南這輩子走完了九十四年，終於在美國與世長辭。他的墓碑上面寫著：「這個人以前說過相聲，只是現在無法說了……」

我想跟師父說，台灣如果不是有您跟魏龍豪先生？這一片土地也不會有相聲！就讓我們這一群弟子們，把這麼好的說唱藝術傳承下去吧。

5 我年少時的書畫啟蒙者，正是國畫大師李轂摩

從我出生到現在，仔細想想，第一個興趣，或許不是相聲，也不是主持，應該是美術吧！

小時候我就喜歡畫圖，而當今油畫大師倪朝龍，也是我的小學美術老師，影響我特別深。

可是我又必須說，寫書法、畫國畫，這種比較屬於東方的美術，或許我更加的喜愛。

小學生的我，很喜歡打躲避球，但是因為體育很爛，常常當眾被K，心想不如趁著課外活動時選擇書法社，重點不是在舞文弄墨，而是在於女同學比男生多。寫書法不成氣候，但是能裝「文青」，喔不，是「文少」，還真不錯！

等我升國中，媽媽過世了，每當看到書法，下意識地想起輓聯，就再

沒繼續書寫。及其長也，我升高中，在台中文化中心看到書法展的開幕茶會，看展的人頭多，湊熱鬧又有茶喝，我便蹭進去看看。尤其，看到記者們圍著書法家拍照，好威！次日，報紙登出來，書法家版面大到閃閃地，又燃起我寫字的興趣，這回呀，不為女生多，但為出鋒頭！

從此以後，每天回家寫五百字才願意洗澡吃飯，就這樣子，高中三年的底蘊打下來，參加比賽偶爾得到佳作，看到獎狀，甚為得意。

這時我已經認識了凌峰哥，每每到台北的家，總是看到一幅水墨畫，畫的一個光頭身穿長袍在泡老人茶，旁邊的落款寫著：「凌峰先生品茗圖」，非常有墨趣。

同樣在大哥的家裡，還有一幅相同畫家所畫的水墨，上頭兩隻蝸牛，寫著：「成功之路，少言多行！」

後來，真的在台中的狄斯耐西餐廳，這一位大畫家出現在哥哥秀場的台下，吃牛排、看秀，當天下了節目，我們聚在一起，經哥哥介紹，這就是國畫大師李轂摩，也就是我喜歡的畫家真人版公仔！喔不，是老師！

因為是凌峰哥的朋友，我在十來歲的時候，竟然也大言不慚的呼喊李大師為李大哥，老師並沒有制止我，他看我喜歡寫書法畫畫圖，也願意教我怎麼握筆寫字，甚至於寫給我看。

我住台中，他住南投草屯，地利之便，我更常常去拜訪他。又因為李老師的畫，是我喜歡的國畫風格，讓我想去了解他的故事。

原來蔣經國總統的民間好友，亦是林洋港院長的好友，就是鼎鼎大名的李大師！他願意陪我這個小友聊天喝茶，甚或是免費教我寫字畫圖，都是我少年十五二十時的美麗回憶。

有一天，我去他家打擾拜節，突然話題問到他的兒子今年多大了？答案是他的兒子原來比我還要大，我差點從椅子上跌下來！從此以後，我改稱呼他為李老師，不敢再稱呼李大哥。

幾十年以來，我們還是保持聯絡，連凌峰哥想見李老師，已經變成由我開車帶路了。今年，我們又將原來的書信往來，變成了臉書朋友，沾光沾到李大師，在此由衷感謝我的書畫啟蒙者！

6 願無私教我書畫的韓錦田大師及藝術界偶像們平安

在我心中與李轂摩大師齊名的，還有一位，是我心中最喜歡的長輩韓錦田大師！

他們倆人，一個住南投，一個住新竹，但是卻都住在我心中。

韓叔叔也是我少年時，經由莊明哲叔叔介紹而認識的，大有來頭！他可是國畫大師張大千的忘年之交兼盆栽養護老師，家中堂號「涉翠山莊」，更是張大千親題！

我最最最喜歡的是韓叔叔的平易近人，善畫鍾馗的他，自己有著兩道與鍾天師同樣的濃眉，以及豁達的個性。

我曾在新竹足足住了八年，常去他家跟他胡說八道，因此與他的孩子眺柏與言松，宛如情同手足的好弟弟！

嬸嬸鳳珠，宜室宜家，每每少不了我一杯茶，從我年少，到我成家，到如今我已中年，他們兩位老寶貝，仍視我們這一家為自己人。

韓叔叔總是在客廳畫畫，我在旁邊看，別說偷學，他根本無私，手把手的示範，不怕我整套畫技學走。

唐龍藝術的王鎮亞叔叔要我有空多下新竹學，這點我懂，若是閻羅王有空，願他繞過近年來氣喘的韓大師，讓他多畫幾年，活到一百歲。

這些年，同樣是我最喜歡的國畫界李奇茂大師仙逝（二〇一九年過世，享壽九十四歲），我稱呼老爹的李大師典範永存。而當我在二〇一八年榮獲中國文藝獎章戲曲類表揚時，同年得獎的周澄大師，身體健康也漸漸老化，讓我這個愛好藝術的小友甚為掛念，二次請託名醫到府治療周老師，只願台灣水墨畫家都健康。

杜忠誥老師、陶晴山老師、張炳煌老師，以及故宮博物院收藏品（歷代古董作者當然早已羽化成仙），還有現代藝術家以金雕和木雕聞名全世界的吳卿老師，皆與我淵源甚深，都是我藝術界的偶像，願他們平安。

書畫，仍是我最愛。拙作「台灣答嘴鼓之『慈濟？慈債！』」中的段子「琴棋書畫」，將家師吳兆南的相聲改編，創作成台灣版的答嘴鼓，若是有興趣，各大唱片行找CD，或是聲朗有聲書APP，或是KKBox等等，都能聽得到。我也常聽自己的段子，邊寫書法畫畫，人生啊！如此這般，很有感覺！

期許自己也成為別人的貴人

王一明vs王小明

小時候的偶像，全部都變成了你這輩子的精神導師以及貴人，
如果我跟你說：長大以後你會當一個說唱藝術家跟節目主持人，
你是打死自己也不可能相信的。

這幾年我得到了中國文藝獎章的肯定，加上金曲獎跟金鐘獎這些榮耀，
讓我更兢兢業業地創作，每年都要出版新的作品，沒有一年敢中斷。
在未來的日子裡，如果我能把我肚子裡的一些狗屁倒灶的東西也傳承下去。
那麼，我會把自己學習前輩如父如兄的大度，傳給後進。

一路走過來，雖然有一些小名譽，
但是也因為自己不夠成熟得罪過一些前輩與同道，
也希望他們能夠原諒我的無知。

王一明對王小明說：讓我們繼續向前走，也來做做別人的貴人吧！

第 2 章

別懷疑 專屬天賦會找上你

1 二十二歲就當房仲店長，卻因微不足道的小事就此瀟灑走人

男怕入錯行，女怕嫁錯郎。我曾經是一個房屋仲介的逃兵。

蔣經國總統逝世後，我離開凌峰大哥，回到了台中，想找個有薪水的工作混吃等死。

那時，三舅媽說現在有間引進新制度的房屋仲介公司，問我要不要去試看看？也就是做業務員的意思！

我只聽說穿西裝打領帶，二話不說馬上答應，舅媽的妹婿在太平洋房屋公司當副理，一通電話，第二天我走馬上任，正式報到。

那是台灣房屋仲介剛剛有日系制度進來的年代，從一開始的「冒泡」賺取差價（「冒泡」是房仲術語，意旨業務員成交後可獲得獎金，更希望獎金尾數多到像泡泡一直冒出很多個零），到太平洋固定對賣方抽佣

四％（日後才有向買方也抽佣一％），公平公正公開，很適合我不喜歡說謊的個性。

十九歲的無知少年，騎著家中的腳踏車，從忠明南路九十九號，騎到大雅路八十二之二號，我爸看我做得下去，開口向一位阿順叔叔要了一台偉士牌，我也硬着頭皮學會騎機車，在那個還不強制戴安全帽的時代，我塗改了身分證年次，假裝已經二十歲，到銀行開戶，每個月薪水九千元，開始接受訓練，掃街畫地圖，熟悉案子，跟著學長看屋，以及沙盤推演特訓，紙上談兵。

每天一進門，學長西裝畢挺，學姊套裝、絲襪、高跟鞋，我知道我屬於這裡，標準上流社會！

公司為我第一次量身訂作西裝西褲，發襯衫領帶，拍照做識別證，我宣告自己是大人了！會賺錢了！

初生之犢不畏虎。

我在民國七十七年，每天亂按人家的門鈴，「請問你家要賣嗎？」被人家罵到狗血淋頭，自己卻自得其樂。

終於，還是讓我遇到一兩個願意跟我簽委託約的人，我開心到覺得自己從此以後就可以過著幸福快樂的日子。

其實，房子要賣掉才算成交，也才有業績，但是我總是很樂觀的知道一半而已，慢慢才進入狀況。開發算一半的業績，銷售算一半的業績，如果能夠獨得，那就更好。

有時候，靠值班接電話就能夠得到簽委託約的機會，所以接電話也是一個快樂的事情。

不過說實話，由於值班時坐在後面可以看到第一排行政小姐的背影，那才是我最大的樂趣，這些小姐每個年紀都比我還要大，但她們也才二十出頭，我覺得她們很漂亮，私心希望，她們每一個都可以跟我結婚。

水瓶座的心是無限的寬廣，十九歲的我可以容下一百個太太，卻一個都不敢追。

我就這樣子一邊玩，一邊做業務，景氣還不錯，也慢慢學習到了專業的業務技巧。

我漸漸體會到，誠心才是做業務最大成功的秘訣。不到兩年，我升了組長，不到三年，我升上店長。那年，我二十二歲。

一個二十二歲的小屁孩，已經可以賣套房、賣公寓、賣大樓、賣別墅，甚至於賣土地。那個時候的我，月收入已經破了六位數，雖然不是每個月都這麼好，但是錢對我來說，大部分就是領到手以後，上百貨公司、看電影、吃大餐的零用錢。

如果，我也懂得理財，買屋賣屋，我可能早已財務自由。

可是，我只學到，開心，賺錢，花錢，當官，誠心帶兵，不耍官僚，如此而已。

到今天為止，台中市的房地產從業人員，如果說有一半以上的大老，曾經被我帶過的，這一點倒不

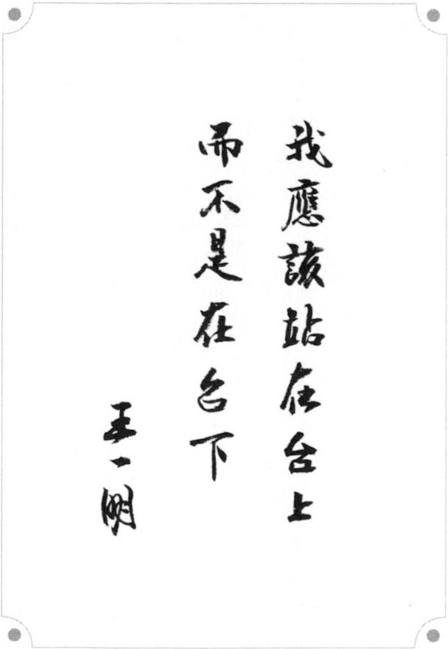

奇怪。我的子弟兵年紀都比我大，原因是我太早入行了，只是他們沒有離開房地產，反倒是我逃走了。

為什麼會離開這一行呢？

因為我好想站在工地秀上面當主持人，而不想在台下發ＤＭ賣房子。話說在太平洋房屋的五年，我因為跟過凌峰大哥，所以公司所有的年度尾牙與榮團會，我都是當然的主持人，從台北下來台中的總經理，也都知道我這一號人物。

我們中區事業處曾經賣過溪頭富群世界，一個單位是二十萬元；還有豐原的豐洋百貨，也就是現在的豐原太平洋百貨，一張權狀是三十萬元。

當時就有工地秀，當我在台下銷售的時候，就很想上台主持工地秀，所以我告訴自己，我應該站在台上，而不是在台下！

所以，我在我犯太歲的那一年，因為一個小小的不如意，跟房屋仲介這工作說再見。

我想在台上穿西裝，而不是在台下穿西裝，一個滿二十四歲的店長，暫時在這一行畢了業。雖是逃兵，卻不後悔！

2 想在台上發光發亮，不甘心只當配音員

想從事主持人的行業，可能是受到了電視上明星的影響，也可能是覺得自己可以在台上發光發熱。

所以離開了房地產領域後，我就到顏景傳播公司幫忙拉業務，主要是拍CF廣告兼廣告配音員。當我第一支台中市中式餐廳CF拍了三十秒後，最後我用麥克風錄了「古今饌，南北餚」，這六個字竟然可以今天還記得，可見我還沒老人癡呆症。

記得當時每天都在固定時間，守著家中有線電視的地方頻道，只為聽到自己的聲音：「媽！我的聲音上電視了！」以告慰母親在天之靈。

當時的攝影設備是很大台的Betacam，整間公司只有老闆兼攝影師，跟我一個業務員兼配音員。如果有接到案件之後，再傳到地方的有線電視，抽取佣金（當年每天愛喝可樂的小老闆林彥輝，如今早已經升格為公共電

視的監製。我和他一起共事的時間雖不長，但我以他現在的成就為榮）。

腦中浮現出當年兩個二十幾歲的小伙子，當他打開剛剛買到的攝影機硬盒子的他，開心的對我說：「阿懋！以後台灣的傳播圈一定要有我們兩個的名字！」言猶在耳，卻已中年。

但，只當個配音員，實在無法滿足我。

於是，我去了籃將唱片公司應徵唱片業務經理，其實也就是業務員。當時這家公司正搭著順風車，準備出版點將唱片台語新人歌手施文彬的國語專輯，點將、籃將，真有意思。

如果我可以進去籃將唱片公司當個經理，我就可以跟當紅的歌手施文彬天天見面？我就是這樣被騙進去的。

搞了半天是這一家老闆，選了台中市立法委員落敗之後，把他在過去生意場上跟施文彬錄過一個母帶，想搭便車在市場宣傳大撈一筆。

於是，他找來了中興大學中文系畢業高材生寫文案，找來了一個美工設計封面，而我這個業務經理，就要跑遍全台灣的中盤商幫他鋪貨。

那時還有一件讓我很虛榮的事情，那就是從台中開車到台北，進專業

施文彬 - 好聽 - 電視演唱會 P01.wmv

錄音室錄了三十秒的施文彬新專輯廣告。

當時公司還花錢在中廣流行網買下廣告時段播出，這樣子，我的聲音不但可以在台中的有線電視被聽到，更可以在全台灣最有名的中國廣播公司招牌節目「三至六立體世界」裡面的廣告時段，聽到我的聲音。

我開心到忘記了，直到今天還沒有跟早已跑路的唱片公司老闆索取任何一毛錢的配音費，就這樣子把我的廣播處女秀給了中廣（如果今天中廣還能找到我當年的錄音檔，把聲音給我做紀念，我願意請吃飯）！

這個烏龍公司最後付不出我們的薪水，也付不出中廣的廣告費，當然施文彬也不可能替我們這一張專輯上電視打歌，所以CD賣得亂七八糟，根本收不到貨款。

但是，工廠壓片的成本，早就付出去了，所以老闆跑路，也是理所當然的。

3 衝著施文彬名氣進入唱片業，日後竟在餐廳秀當起開場主持人

幾年以後，我真的認識了施文彬，我們聊到這一個往事，跟這一個故人，總是不勝唏噓。

二〇一九年施文彬的研究所論文，找我跟黃子佼、劉玉霖幫他寫推薦文，而我們也幫他成功拿到碩士學位。世界上的緣分就是那麼的奇妙。現在我們兩個老男人如果站在一起照張相，竟然是在比誰的白頭髮比較多？都忘記了當年我是因為他的名氣，而跟唱片業結緣。

籃將唱片的短暫啟蒙，我不僅沾上了邊，日後還成就了現在的我。

話說籃將唱片當年的一位宋姓女同事，擁有中興大學中文系學歷，文案底子好，被延聘到忠明七街的荷蘭村西餐廳做企劃。而我也跟著去，愛上了那個餐桌前方的舞台。夜夜的餐廳秀，竟然是我從此拿麥克風的

不歸路。

在荷蘭村西餐廳裡，餐廳總經理讓我開場、介紹歌曲，但是，訪問歌星，才是我想躍躍欲試的。

餐廳一週一檔秀，一檔只有一個歌星，施文彬就是在那邊正式認識的。甘奇靈、高向鵬、方怡萍、陳百潭、金佩珊、王建傑、龍千玉、余帝，這些台語歌手唱壓軸，加上唱開場的三個小秀，配合四人樂隊，都成為我日後成為職業主持人的養分。

你問我，當年餐廳總經理為何敢用我這個沒經驗的？的確，不敢用我！他怎能拿吸金的節目開玩笑？

那時候，我做了兩三天後，他便直接找到「蕭峯」來主持，我就在旁邊看，偶爾可以上台練功的，號稱「主持開場的主持人」。蕭峯只是藝名，獅子座的他，在中部秀場包秀兼主持，我在旁邊看啥呀？就是一些台式黃腔兼舞台動作，而這些哪是我能望其項背的？

半夜三更下班，打開第四台，跟著豬哥亮一句句說「您娘咧卡好」，跟著三立五虎將學賀一航超誇張的黃色動作。

第二夜，又回荷蘭村西餐廳，希望能在台上用，偶爾蕭峯遲到，我就知道是我的時間了。

蕭峯看我學得快，週末假日便派我出去工地秀開場，若有太多廟會、結婚、工地外勞尾牙之類的，直接讓我去主持整場，每場三千元。

我磨了一兩年，看到蕭峯的場子多，跟去工地秀開場的機會慢慢地增加；他有分身便能跑場，對我愈來愈放心，就讓我獨挑。

某次賀一航來了，我又賺到同台主持的機會，他對女歌星開黃腔，我就趁機觀察台下的人，為何笑得合不攏嘴？

五場、十場、二十場、五十場……，一轉眼，我在中部五縣市、山線海線，終於累積數百場的主持經驗，工地秀的主持費也升至每場五千元了！

我不知道我以後的墓誌銘會怎麼刻？廣播主持人？說唱藝術家？書法家？或許，有人會多以一個「公益工作者」來套在我墓碑上。但是，有誰能記得？我曾經是在台灣中部秀場，每天油腔滑調的取悅台下觀眾，賺錢都是紅包裝現金，左手進右手出的矇混過日子呢！

賣個關子，請繼續看下去！

王一明 vs 王小明

犯傻犯癡，靠的就是堅持

現在看看家裡面衣櫥，吊著紅色綠色金色的五彩西裝，
雖然已經多年不穿了，但是一路走來，卻也沒有後悔當個房地產業的逃兵。
你喜歡的舞台，是靠著多少掌聲加噓聲，才能有信口拈來笑點的功力。
如果沒有你當初的傻，就沒有今天我王一明的癡。
我除了比你有名望，你也要比我有堅持呀！

第 3 章

只要一支麥克風
我就給你全世界

1 愛拿麥克風的表現慾，難不成是前世的記憶？

我們這些五年級生，從小不一定有電視，但是一定有收音機，所以對我們來說，收音機是很重要的。

我很喜歡在轉台的時候，聽到收音機沙沙沙的聲音，一會兒，不清楚的聲音變成了清楚，就知道被鎖定了其中的一家電台，如果不討厭，就一直聽下去。

從小我就鎖定中廣流行網「知音時間」、「立體世界」、「感性時間」，跟中廣音樂網「只聽音樂不聽話」。當時歌手出了片，就要往這邊報到，好像上過這一些節目，人人就會知道你有新作品。

讀高中時的有一年暑假，坐國光號從台中到台北來找讀華岡藝校的姊姊，在忠孝西路下車的時候，當時還叫「FM station」的門口，有一個透明的廣播電台錄音間，主持人正在訪問歌星，我竟然被吸引住，痴痴地站在玻璃的外面看超過一個小時。

聽說那就是廣播現場直播節目，也就是我看到的畫面聲音，正在從收音機播出來。

鄉巴佬的我看到這一幕，忽然心裡起了一個念頭，如果我也可以進去說話給人家聽，那麼我的聲音也可以從收音機在天空的另一端被聽到，那該是多麼美麗的事情啊！

這個念頭徘徊十年左右，竟然就在我的生命中實現了……。

想起小的時候，家住台中市，而在我就讀的小學附近，有一個電台街一號，我們偶爾會去那裡玩，而那裡就是台中一家電台的舊址。曾有機會參觀那些播音室設備，大大的盤帶、老舊的黑膠唱機，當然卡帶機也是必備的，而且每一間錄音室裡面一定有一台混音器，每推一軌，就表示那裡的機器要出聲。

吸引我的，是那一支對小學生來說的大支麥克風及大耳機，同樣是透明的玻璃窗；尤其，門檻上 ON AIR 燈亮後，聽到主持人說話聲音更讓我心動。

小時候的這一幕在我心中慢慢地蘊釀發酵，直到升高中後又在台北忠孝西路看到動心的那一幕，燃起我十年來的念想。

所以正確來說，我並不是高中才想要進去坐在麥克風前，而是小學參觀老電台時就開始。

還是，我的老靈魂，有著更早的前世記憶？

依稀還記得小時候去到龍井姑姑家，姑丈是老師，自己也種菜、養豬，平時打發時間就靠一只電匣子，也就是簡單的收音機，拉長天線，轉動頻道鈕，聲音窸窸窣窣的，日子悠閒地過。

我覺得身為老師的農夫，聽著賣藥節目的歌曲，跟著哼唱，時而入迷，是個讓我有感的畫面。

長大些，青春期的姊姊買了一台附有卡帶的收音機，她會將電台節目中喜愛的歌曲側錄在卡帶上，蒐集成一張民歌專輯。

別問我她功課好不好，但看那個時候的國中生，哪一個不是陶醉在收音機的節目中？

我媽媽是三十三年次的，我記得我小學時，有一天家裡客廳多了一台落地音響，雙聲道的左右喇叭，中間最上層是黑膠唱盤，下面是匣式錄音帶及收音機，我們家自從有了音響後，單純的童心，塞不住滿滿的幸福感。

黑膠唱片不停地買，匣式錄音帶漸漸地多，但是唯一不用增加空間卻仍忙碌放送的收音機，正吻合一首歌名「關不掉的收音機」（黃韻玲在一九九一年所灌錄的歌曲）。它每天的內容都不一樣，有時還聽得出來，今天主持人心情是開心？還是普通？這雙耳朵越聽越靈，彷彿成為主持人的雙胞胎靈魂。

從清末民初的阿公阿婆，二、三年級的父母輩，到五、六年級的我們，可能觀念不同，但是聽的，卻永遠是這一台。

2 平常心應試，竟然也將晉身廣播名人李季準行列

二十五歲以後，在秀場主持節目的我，有一天，聽到台中某電台正在招募主持人，我這非本科系的年輕孩子，腦中竟幻想自己戴著耳機，前面有一支麥克風，房間外面的牆上燈亮著ON AIR。

因為這個幻想，讓我鼓起勇氣，喔不，是鼓起傻勁兒，填寫履歷表，貼上郵票，投入郵筒……。不過，我買郵票貼好，把履歷表投出去，就忘了這件事情了。

從小因為喜歡投稿，也曾經到「國語日報」去投自己的爛文章，但是投稿後滿心期待被刊登，很容易從希望轉而失望，如果心境相反時，從無求竟然獲得意外驚喜，那倒是有的。

你如果有投稿經驗，一定懂我在說什麼？

投履歷就像投稿，忘記有投，結果就會變成被通知面試。你看看？平

常心有多重要！

我收到了面試通知，當天西裝襯衫領帶皮鞋，抹了油頭，慎重出擊。到了台中市中港路林鼎高峯大樓二十一樓，裝潢設計很高檔的台中廣播電台，看到了滿滿的人潮，大多T恤牛仔褲，這群人怎麼如此不知要打扮自己？這可是面試耶！誰知道，別人看我也是怪物吧？就像是金剛看到哥吉拉。

筆試填資料，偷瞄左邊，政大新聞系！瞅瞅右邊，世新廣電系！仰望前面，國立藝專！如此學歷的人才濟濟，我怎麼可能有機會？

試卷上問，知道何謂廣播節目內製？外製？委製？我寫著只

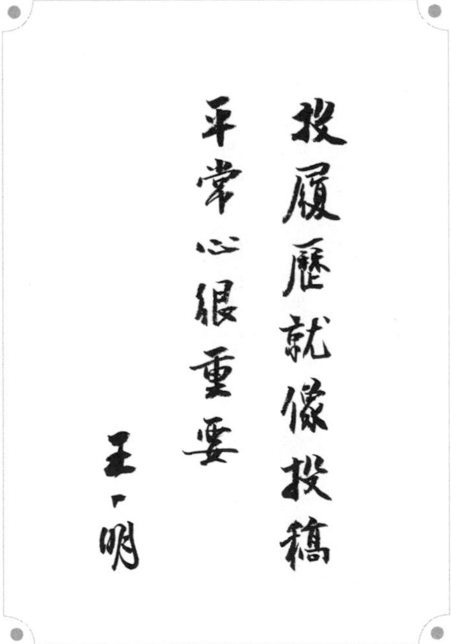

知道內痔外痔，會不會是他們出題寫錯字？

問我喜歡聽音樂否？這與我想當廣播電台主持人有關係嗎？我反正先答喜歡。喜歡什麼類型？我寫，都喜歡！直覺這題目有陷阱！就像問我這沒有交過女友的男生，你喜歡什麼類型的女生？落落大方的？小家碧玉的？書香門第的？孤芳自賞的？標準答案當然是：都喜歡！

要我回答如何企劃一個節目？那可是申論題呀！我疾筆振書，卻是詞不達意。但做過房地產的我，早已經明白一個重點，有多少錢，做多少事。如果只是播音樂、放歌曲？談何企劃？沒錢難辦事！但是賺錢，才是王道。

我怎麼寫企劃，都是花錢的事兒，所以，我這題大哉問，會不會得到主管青睞？自己心裡有數。

交出筆試後，竟然要試音！實在太好玩了！我等的就是這個。

我進到夢寐以求的錄音室，把那裡當成秀場胡說八道一通。現在想想，也少不了油腔滑調的高亢主持，總之說什麼早就不記得了。

但是，我難忘當時的心情，是快樂的，是雀躍的，因為，我門外的牆上一定亮燈ON AIR！

最後還有面試，我遇見了生命中注定是我貴人的副總經理，也是未來台中廣播電台的董事長文真。

文真姊看到我的履歷，也審了我的過去，她看似嚴肅，我卻是一派輕鬆，因為我從未有過被錄取的期待，剛剛不是說了嗎？我旁邊的每位競爭者，都是相關科系的高學歷，而我，應該是陪考者無誤。

一個陪榜者會是什麼心情呢？感恩，感謝，謝謝他抽時間陪我說說什麼是廣播，我當作是一對一的上課聽演講，談笑風生，有問必答。

或許是業務經驗，以及我現職是主持舞台秀，舌燦蓮花，讓文真姊想讓台中廣播留下一個備用主持外場的咖，月薪二萬七千元，過完農曆年報到，我竟然得到了這份工作！

人生的劇本不會像自己想得如此這般，真的是太神奇了。

我也可以像李季準先生一樣廣告絲襪？哇！給我麥克風，我一定會講得很有畫面！

3 做廣播這一行，就不要怕辛苦

我寫這一本書是想說，身為一個廣播主持人，必須要有什麼樣的條件，才比較容易接近成功？

台灣話有一句：「一樣米養百樣人。」這句話一點都不會錯。每一個主持人所呈現的節目不會是一模一樣的，雖可能會有同質性，聽久了還是分得出來，但是如何讓朋友聽得久？這就是你的本事了！市場是會告訴老闆，要不要繼續用你？

畢竟，我們不是學生在練習，必須在市場當中去競爭、去找到屬於自己的位置。

我相信當年台中廣播的老闆，在訓練我們這一批新人的時候，他也是希望能夠成為百年企業的。所以，我們的基本功是很被要求的，甚至是採取比較嚴厲的訓練方式。

播報時，要到達整點到，也就是嘟嘟嘟報時聲音響起，這首歌曲剛剛好一秒不差的播完，不許切歌，不能空秒，因為報時聲音響，下個片頭要能無縫接軌，聽覺才夠專業，要善用碼錶，要熟悉工具。

對於我這種大而化之的人來說，好比我在家下廚房時都是隨心所欲的加鹽巴味素，但是突然之間把你丟到米其林餐廳當主廚，必須要色香味俱全，而且還能夠賣錢！

優秀的主持人好比名廚，要上得了檯面！所以在新人的時期，電台對這些訓練的基本功十分重視。

我們除了要認識機器，要學會自控自播，在當年還要申請小盤帶、大盤帶

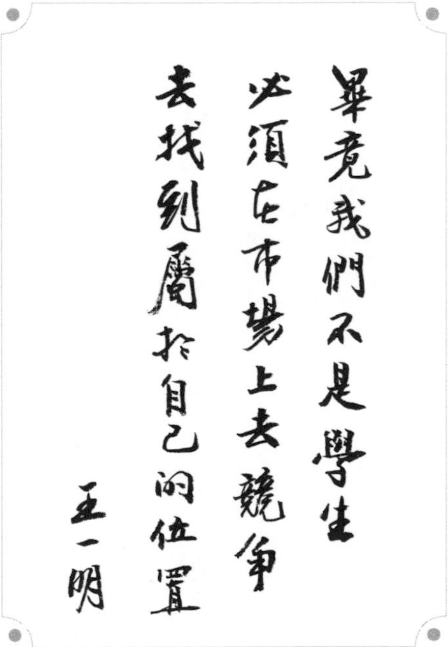
畢竟我們不是學生
必須在市場上去競爭
去找到屬於自己的位置
王一明

（可能如今的廣播主持人都沒看過了），要懂得剪接，不像後來的MD（Mini Disc，碟片大小只有CD的四分之一，儲存聲音時間相當於一張CD。）到現在的電腦這麼的簡單。

機器跟設備一直都在更新，就好像現在的手機，即使已經買了全新的，但是程式一直被要求更新，APP一直更新。

做廣播也是一樣，如果你還活在黑膠唱片的時代，那就會很辛苦，雖然我的節目到現在還在用黑膠唱片播歌給人家聽。

年輕人如果要做這一行，那就不要怕辛苦，而且要很有興趣的學習它，自己把機器摸會了，就不用靠別人。

我們在當新人的時候，老闆是不讓我們直接上線的，他要讓我們一直錄音，一直錄，一直修口條，修起承轉合、修抑揚頓挫，再錄，再修。

4 當個不忘初衷、持續精進的廣播電視人

回首來時路，當時我們那一群年輕人，現在已經大部分都沒有在做廣播了，但是當年我們每個人可都願意做一個永遠的廣播人。

這是什麼意思呢？就是路遙知馬力。

最近，我兒子的同學想要考大學傳播等相關科系，來找我寫推薦函。我在簽名之前跟他說，如果有一天你累了，不要忘記了你今天想要當廣播電視人的初衷。

廣播這一行算是有一點點光鮮亮麗，可是背後要付出很多別人不知道的辛苦。王獻之（東晉書法名家王羲之之子），他在寫完一缸水之前，他的書法可是很醜的。

你想想看？當你是新人的時候，多麼開心聽到收音機終於有自己的聲音了，但是一年過去，五年過去，十年、二十年、三十年過去，還會覺

得很新鮮嗎？這個時候，就不能忘記了你當年的那個初心。

如果你問我，當一個新人，當時台中廣播是怎麼訓練我們的？除了一直錄、一直修、一直錄、一直修，就是為了要正式上線。

但是，上線之後，規定我們說話的長度不准超過一分鐘，甚至要控制在三十秒之內，這就是要你知道身為主持人最重要的是串場功能，而且最起碼要學會做到藏拙。

台中廣播當時在台中，同時還有經營亞哥花園，胡瓜、徐乃麟、任賢齊等藝人，以前曾經在這裡錄製過百戰百勝的外景節目。

每次我一大早去跟老闆的班，只要窗外大晴天，老闆文平就會喝著茶葉，開開心心的哼著歌曲，但是如果下雨，那他的心情可就不會那麼美麗了，我很早就看出來這一切都跟生意有關。

道理很簡單，晴天很多人去逛花園，門票收入自然很高，雨天就不好了。

老台中人大概都還記得，那裡有水幕電影，在更早之前有水舞，都是在台中大坑的亞哥花園裡面很知名的設施。

而我在進播音間燈亮起 ON AIR 之前，也曾在亞哥花園主持水幕電影的開場，同時幻想不久的將來，我就會在亞哥花園的關係企業——台中廣播電台發光發熱。

夢，真是很偉大！年輕的時候總覺得未來充滿了一片光明，就好像我的名字王一明。

話說這個名字，也是電台在試播時期，正式開播之前，要我們這一群新人，每個人交出一個藝名，而我的藝名，就叫一明。

沒想到，這名字跟了我一輩子……。

我記得我們的新人時期，是過完農曆年以後去報到受訓，一直到五月二十號才正式開播，跟現在總統就職的五二〇是同一天，很好記。

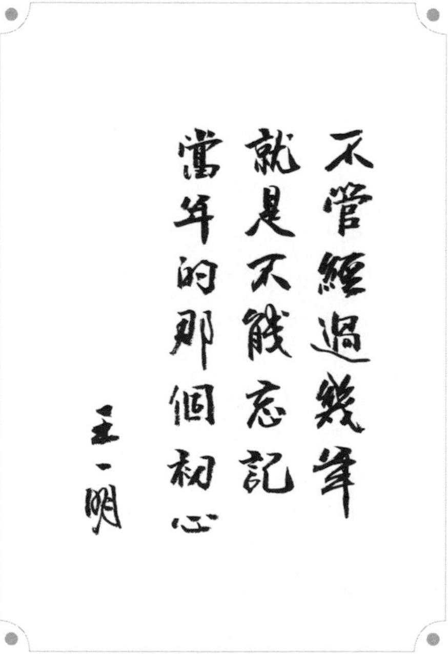
不管經過幾年
就是不能忘記
當年的那個初心
王一明

試播時候，每次說話不能超過三十秒，我只要負責拿著已經寫好的稿子唸亞哥花園的活動是什麼就好了，三十秒很容易就過了。

試播的期間，我們沒有藝名，也不能說自己的名字，但是有些比較聰明的主持人，會為自己取綽號，比如小女孩，或是快樂的小姑娘。

終於在開播日，我們能夠把自己的藝名講出來了，當我第一次在麥克風前面說我叫做王一明的時候，真的好開心一整天。

讓我更加開心的是開播典禮，電台邀請到日本雙胞胎人瑞國寶金銀婆婆，這是一對超過一百歲的雙胞胎，非常可愛，穿著和服的笑容，我永遠不會忘記。

她們專程來到亞哥花園，當天有一千零二十八對雙胞胎，其中也有三胞胎，甚至是四胞胎，這是一個雙胞胎大集合的活動，當天還申請金氏世界紀錄成功。

那天真的聚集了好多人，電台給我拿麥克風當司儀的機會，這是我以前在工地秀不曾遇見的陣仗。

那一天，我視為這是我一生最大的榮譽。

隔二天，上了「自由時報」頭版頭條，大合照也刊登出來，雖然我在人群裡面只是一隻小螞蟻，但是我終於上報紙了。

開播了！王一明有名字了！

上報了！然後呢？

其實，路才要開始走。

5 離開第一份電台工作，時也運也命也

當時，我真的不知道台中廣播電台的大老闆在想些什麼？他請一個軍系漢聲電台台長退休的中年人來當節目部經理，負責管我們這些小朋友，一會兒要寫節目企劃書，一會兒要錄音，基本功更是少不了。

在台中廣播電台短短半年的日子，我時常白天上班，晚上加班，甚至常常半夜才捨得走，只為待在電台聽其他人的節目。

當然，也常常在下班後，隻身前往唱片行買CD，挑一些音樂播放，分享給我的聽友，也滿足自己是廣播電台主持人的附加價值。

擁有的CD多，表示自己聽的音樂歌曲多；但是，如今家裡CD多，但想換新車時，現在的新車上設備已沒有CD，我便不想換車了。

這種心情，年輕人是不會懂的，我看，我以後只能開中古車了。

台中廣播電台的人都很好，幾乎每個都是乖乖牌，對節目部經理都暱稱董老爹，尤其愛撒嬌、萌萌地滿口甜死人不償命的女主持人，更容易被提拔。

雖然我賣過房子、跑過業務，職場上被訓練開口就稱呼職稱，然而直腸子通到底，不搗蛋，卻也不拍馬。直覺上，我認為經理看到我時，眼神沒那麼多關愛，但是我也沒擔心，每天快樂上班。

第一個主持拍檔張奕欣，與我主持一個月；第二個主持拍檔葉欣，從警廣來的，之後到其他家電台擔任台長，她與我共同主持兩個月；第三個主持拍檔楊明，輔大新聞系畢業，楊明加上王一明，雙明主持，兩個未婚的男女，我以為會拍檔很久，結果真的有久一點，三個月！

整整半年，換三個拍檔，之後董經理要調我去亞哥花園顧花，我也明白，該收拾文件及個人資料打包走人了。

揮揮衣袖，還帶走一片雲彩。

畢竟年輕人的思維不成熟，我成了台中廣播電台開播半年就自宮的主持人，雖然董經理讓我做塊狀節目，每週日保留時段，但我心想若是失去帶狀時段，每天去亞哥花園顧花，接受這種條件，便是士可殺也可辱。

於是，想起台中廣播來賓午陽南老師當時來為聽友空中解命盤後，也曾為我們這一群孩子們看看八字，他直言我會離開此間電台，但是可以往北發展，愈往北愈紅！

憑著一股腦兒的不甘願，我直接辭職，守時待運。

若是你問我如何勸遇見十字路口的年輕人？我一定會說：忍。

若是你問我當年再來一次，我會忍嗎？答案是，我依然會走。這不是矛盾嗎？

且讓我們繼續看下去。

6 從台中到新竹，期許自己發光發熱

光陰似箭，歲月如梭。

我離職後，又回到秀場拿麥克風江湖賣藝，廟會、結婚場，台上盡是黃西田、謝金燕、長青等，不是放歌，而是面對面說話！又靠耍嘴皮子賺錢，反正我熟門熟路活動多自然收入就會比電台高，而且工作時間少，又不會無聊。

不過，秀場工作唯一的缺點是，收音機聽不到王一明的聲音，若是短短的播音員壽命，我幹嘛取這個藝名。

轉眼間，二十四節氣白露這天，家裡電話響起，是友台全國電台的主持人鄭棋陽，問我怎麼沒有聲音了？我說明了原因後，他似乎有備而來，問我去新竹好嗎？

當然不好！那麼遠！

他說車程才一小時。問題是，這不是誘因呀！

他跟我舉例說，歐陽菲菲就是在日本歌壇發光發熱兼發燒，才更讓自己成為國際巨星，而不只是專注在台灣市場。為了發光發熱而從台灣到日本，坐飛機要三個半小時。

我對正確的飛行時間沒有概念，倒是聽見了「國際巨星」、「發光發熱」等等我愛聽的 key word。

想到若是能夠從「新竹」紅回「台中」，不是很好嗎？此種「國際觀」如今看來，我自己都寫不下去！

但是在當年，我是立即被說服，前往新竹面試一家全新開播的中功率電台「新聲電台」，發射範圍是桃竹苗，從中功率跳到中功率，不算沒面子。而且，既然是全新電台，我這個有半年經驗的老鳥，自然是小老師無誤。

電台老闆吳南杰是出自廣播世家，面試當天，我只看見一張他手寫的A4紙，要我填寫姓名、電話、地址，還有希望待遇之類的，還有最後一個問題，竟然是「喝酒嗎？」三個字，我填「滴酒不沾」四個字，比他多一個字。

由於是鄭棋陽介紹的人，他冊封我「節目部主任」，次月一日，走馬上任！

王一明 vs 王小明

在錄音室，賺到感動！

台中到新竹，新竹到台北，短短交待就好，反正，又不是在畫地圖。
但是，我們除了自己的故事以外，也可以看看別人的故事，
發生在錄音室內ＯＮ出去的，都是大人物小故事耶。
時間是順轉？逆轉？我們都在當下，尤其可以在小小的錄音室，
賺到滿滿的感動！讓我們繼續看下去……

第 4 章

一明會客室
放送人間溫馨情

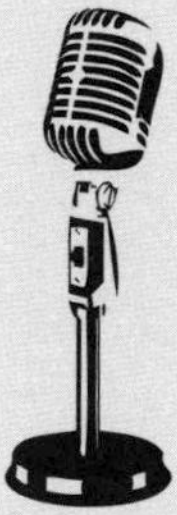

1 賣月餅的歌手林晏如，令人疼惜、令人憐愛

早期歌林唱片稱霸華語歌壇，在鳳飛飛的台味老歌成功打下台語市場之後，也投資重金讓黃乙玲赴日錄製台語歌，成為名符其實的「歌林」，好歌如林。

慢慢地也推出許多台語歌手，如林晏如！晏如在台語歌壇中，一直是讓我心疼的女孩兒。

我還在秀場上拿麥克風的那段日子，就有機會在工地秀與她同台，台上的她靠的不是扭腰與擺臀，而是歌藝與純情，而台下的她，謙卑有禮，平易近人。

在中部唱歌作秀，她每每拿了唱酬，就是夜車北返，連夜回家。

我們有一次做秀完坐同車，她在車上還大方聊到中秋節將至，如果要買中秋月餅，別忘記找她，這個女孩子，台上台下總是沒忘記幫家裡掙錢，

林晏如「疼惜我的吻」

給我很深刻的印象。

賣餅的女兒，一邊唱歌負擔家計，一邊幫家中月餅一盒一盒地賣出去，慢慢打下家業基礎。在我心中，生女兒就是貼心，生兒子呢？在家吃父母，娶妻變妻奴！喔，開玩笑的，不是全部都這樣的。

後來進了廣播圈，我拿到了晏如的CD，很喜歡播出她唱的「走味的咖啡」、「疼惜我的吻」，因為她的顧家，讓我願意向聽友多多介紹她的歌。

有一次在廣播電台遇見晏如，我們像是老朋友般寒暄，錄完我的節目，宣傳安排她上另外一個較資深的主持人的節目，我則無意中聽到她們的對話。當時是live播歌，而我在主

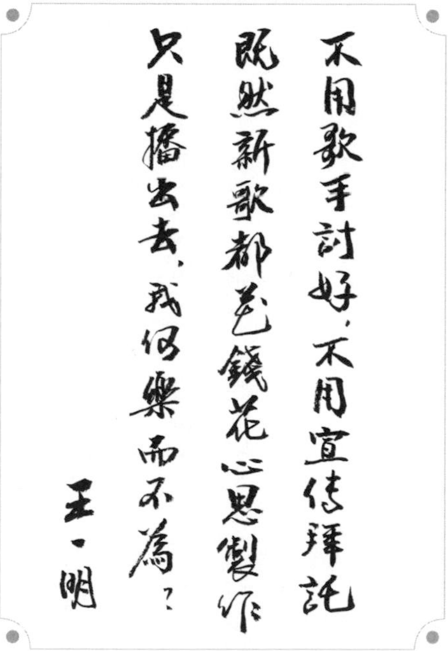
不用歌手討好，不用宣傳拜託
既然新歌都花錢花心思製作
只是播出去，我何樂而不為？
王一明

控室隔著玻璃看見她在推薦新歌，希望該主持人這段節目主打她的新作品，就像之前她在車上對我們這一些同台的朋友推銷月餅一樣的推銷自己的新歌曲。

當年電台算是強勢媒體，若是能多播，當然更好，不像現在自媒體時代，我的作品，我自己推，而當天主持人有自己的排歌打算，只是聽，並沒正面回應。

這段記憶的確影響我在日後的播音生涯，讓我對來賓的作品，不用歌手討好，不用宣傳拜託，只要有新歌，既然都花錢花精神創作了，只是播出去，我何樂而不為？

後來，晏如因乳癌病逝，留下的歌曲，到現在我仍然會播出。

晏如的歌，還永遠在……

劉平芳「客家本色」

2 客語歌不再是「來者是客」，是台灣多元文化的重要一環

在新竹主持節目時，有一位唱片女宣傳打電話來電台，希望能來宣傳新專輯，我是夥計，不是老闆，所以滿口答應，並未開口問問她有沒有宣傳費用預算？

當天晚上，這位女宣傳按下門鈴走進來，單槍匹馬，一雌當關。我問她，歌手呢？她答曰，就是我。

我再問，妳不是宣傳嗎？她又答，也是。

原來，她是歌手兼宣傳，還說，客家歌曲沒有預算請宣傳，所以只能卯起來毛遂自薦，希望能來打歌。

後來，跟我成為好朋友的她，曾經唱紅「客家本色」，她就是劉平芳。

而這首客家庄的國歌，一直到現在仍深植人心，無法被取代！「唐山過

謝宇威「那三年」

台灣，沒半點錢！」你看，這首經典歌就是朗朗上口。

以前聽客家，只會唱山歌、情歌，通常都有個腔。腔，也可以聽出你是哪裡人？所以很多人聽我說話，會問我是不是客家人？

其實，我的外公外婆就是客家人，媽媽嫁給本省籍的先生後，便不再說客家話，除非是回外婆家，才讓我聽見媽媽其實不只會說客氣話，更會說客家話。

我媽自從結婚生子，便不再說母語，只剩國語，以及丈夫使用的閩南語。這是嫁雞隨雞，嫁狗隨狗的三從四德，但是我在電台節目中並不鼓勵。如果我媽從小跟我說客家話，我就能多一種語言工具。

所以，我常常鼓勵新住民，如果你是越南籍，就跟孩子說越南語，讓他有雙母語，長大的路就更寬廣。原住民語或客家語也是，當然，即將面臨絕對少數的台語，也願孩子們都能夠學來用！

近期，我訪問了謝宇威，他的新專輯「那三年」，經過許多淬鍊，才有一首首的靈感，二〇二一年入圍金曲獎客家專輯及歌手獎，那不是偶然，不但唱得好，他更主動捐助我辦的愛心待用餐一萬元，愛心無價。

王喬尹「毋想轉（不想回家）」

同樣在二〇二〇年十二月，發行的客家歌曲專輯，一位全新首次發片的王喬尹，二十啷噹歲，自己作詞作曲演唱，自己找文化部補助，也讓我看見客家歌手的新面貌。

喬尹說，早期客家山歌，唱的是阿公阿婆年輕時互褒，其實是煽情的，而如今客家歌曲，詞曲風格已經不再是手牽手而已。我播放她的新歌「小星星」，聽完後果然曲調輕盈、歌詞清新，讓我非常同意這位住在苗栗頭份的客家妹說法。

她唱的「新花樹下」，是向宇威老師「花樹下」致敬的創作；她唱的「伸手就摸著月光」，是向貝多芬要來的靈感；她唱的「毋想轉」，說的是不想回家，其實是想回家的心情。

客家歌在變，從劉平芳、謝宇威到王喬尹，從山歌、政治選舉歌到創作歌手，越來越貼近生活，觸及心靈。很暗自慶幸，我們當播音員的，就是有福氣當個最佳聆聽者。

忽然想媽媽了，照照鏡子，原來，我是半個客人，不，是客家人！

3 演出黑道大哥氣勢的王識賢，原是風靡全台的偶像歌手

電影「艋舺」、「角頭2：王者再起」飾演黑道大哥的王識賢，在台灣有太多粉絲，即使是黑道，也是有情有義有血有淚，堪稱黑黑朋友，不，是嘿嘿朋友！

我認識王識賢是在一九九五年。滾石唱片已攻占華語歌壇之後，忽然又想投入台語歌曲市場，於是就有林強的「向前行」，潘越雲的「情字這條路」。大約同時期，也找到當年才二十幾歲的台語偶像，已經唱紅台語國歌「雪中紅」的潛力股王識賢，錄製「啊！傷心的話」、「一路順風一路發」專輯。

王識賢從台北下台中廣播，電台通告跑不停，是因為滾石唱片知道台語歌要宣傳得好，除了上滿電視綜藝節目通告以外，台中的人更習慣使

王識賢「啊！傷心的話 My Saddest Lament」

用台語。來台中，說不上是拜碼頭，卻絕對是善意自薦。

我跟識賢年紀相仿，電台節目訪問中，更看到他親切謙卑的一面，當年的他已小有知名度，卻因為初加入滾石大家庭，將自己視為新人，言詞中很懇切地向台中人推薦他的新歌。

「啊！傷心的話」那張CD令我印象深刻，全紅色的背景，歌手穿全黑色的襯衫長褲，雙手插在口袋，構圖簡單，意思明瞭。

採訪當晚，滾石唱片在台中某五星級大飯店邀請所有台中市的電台主持人同樂，段老闆都親自出席，可見他們有多重視。

受邀電台主持人也幾乎都出席，場地正巧有舞台，主持人介紹王識賢上台唱歌給我們這一群人聽，而我，竟然腳不聽使喚，也蹭一下衝出去，與識賢合唱「墓仔埔也敢去」。

若說無恥至極，倒不如說是「識己不明」（不識賢vs王一明），因為我眼前這廝，後來可是不折不扣的金曲獎台語歌王！跟他尬場，不是以卵擊石？

第二天，報紙將王識賢王一明合唱的事情登出來，那份報紙，至今我還留著。

二十五年後，雙王都中年了，我和內人被邀請在一場飯局中出席，見到識賢伉儷，感覺還是當年的親切派偶像歌手，而不是劇中演得入木三分的黑道大哥。

4 人在囧途，要改變命運，先改變個性

最近，常聽到週邊朋友提到算命，憶起在新竹主持節目的時候，有一個算命先生來到電台找台長，他們談完了之後，這位「老師」馬上進入我的 live 現場，說是要免費幫聽友算命。

聽友只要 call in 進來，報上姓名、生肖，這人便回答你金錢財運、戀愛婚姻、工作創業、身體病痛，或是祖先風水，我在旁邊是幫不上忙的，只能在一旁控機。

也別說幫不上忙，如果不是王一明在此，或許人家也不會打進來，聽友是相信我，才會相信算命仙。我，等於是背書者。

此人在節目中公布他家電話，若是要改名，找他，便改變了目前的人生囧途。就這樣，他差不多天天來，而且，對我極其友善，涉世未深的我，整整背書了一週。

我們台長或許也聽出什麼蹊蹺了，第二週向那人要求付廣告費，從此，算命先生不再出現。不過，一個禮拜，他也撈了不少吧！

其實，我是相信四柱八字的，大運流年、吉凶禍福，能者一看便知，就像醫師看到你的抽血報告，便知你的膽固醇過高、血糖過高。

算命，就是五行生剋，木逢春則旺，火，在夏就當令最大；金，在秋天如金黃色落葉最好；水，則是冬天最冷。金木水火土，旺相死囚休，五行配四季如此循環不已。「旺」指處於旺盛狀態、「相」指處於次旺狀態、「休」指退休無事狀態、「囚」指衰落被囚、「死」指被克制而生氣全無……。易經也是容易，所以我叫他「易經」。乾、兌、離、震、巽、坎、艮、坤八卦，衍生八八六十四掛，這些小技倆，術士會的是「術」，我則尊崇為「道」。

說穿了，算命就是一種數學，我教你，你也會，只是程度高低不同罷了。

結果那人說，王一明三個字，勞心勞力，要「賜」給我一個新名字，我笑笑的，沒有接受。

他或許說對了，我的確勞心勞力，但是，你如果說這句話，所有被說的士農工商都只能點頭，然後掏錢改名。

何況我也留一手，王一明不是身分證的名字，在當年沒有維基百科時，我又不是什麼咖，他自然不知道，要幫我算姓名，最好還是看看身分證吧！

各位讀者，其實我不會天花亂墜，但請聽我一言，要改變命運，先改變個性！個性，創造命運！

不信？找我算命卜卦，聽聽我怎麼說？只是，個人原則，我不在電台節目中，賣弄山、醫、命、卜、相五術。人，要靠自己！

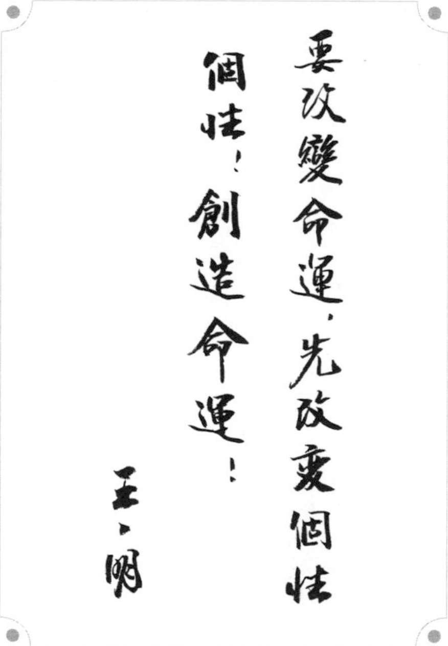

5 說出新竹人日本兵不為人知的心聲，是身為廣播人的使命

日治時代，有許多台灣人參加了太平洋戰爭，這些人或自願或被迫奉獻人生中最精華的歲月，遠赴海南島、菲律賓、日本、印尼、所羅門群島、中國大陸和台灣本島各地戰場上參戰。

當年，我還在新竹新聲電台，甫跟梅子認識，一起主持節目不久，倆人一來年輕有衝勁、更有傻勁，二來讀到「中國時報」潘國正記者所著作的「新竹人．日本兵．戰爭經驗」一書，深受作者田野調查文史工作的精神所感動。

於是，主動聯絡潘國正大哥，表示希望能將此書做為「廣播有聲書」，得到作者同意後，開始邀請這群長輩錄製。我與梅子花了一年的時間，開車接送，錄音、剪輯、寫稿、後製、配音，直到播出。

雖然已經是七十多年前的陳年血淚，只能依賴口耳相傳，隨著歲月無情的流逝，當年只當軍伕，不能算是軍人，但都算是出征。當年的出征者也不斷地凋零。生為台灣人的他們，終究無從知道，究竟是為誰而戰？為何而戰？

黃逸庭是日本實施志願兵制度之下的第一期志願兵，性情中人的他，回想同志陣亡而流下眼淚，為了驅趕日夜相隨的軍馬而感傷；停戰之後，解除武裝，交出軍人第二生命的槍枝，也不禁淚濕衣衫。

不只是黃逸庭如此，幾位先生回憶生離死別的過程，都激動的不能自持。

受訪者年齡最長的是一九一二年出生的

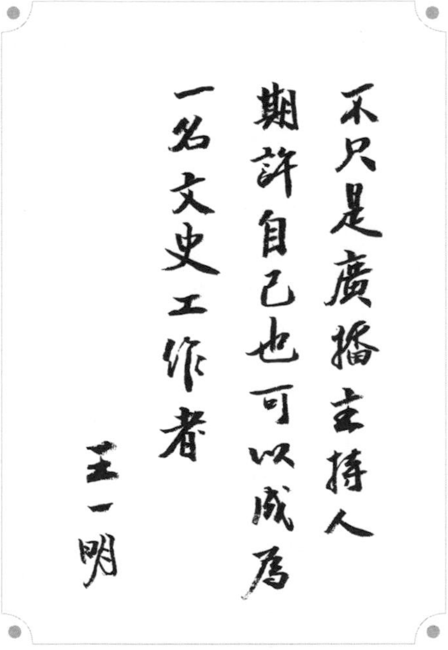
不只是廣播主持人
期許自己也可以成為
一名文史工作者
王一明

李灶生，三十歲被徵調到海南島，因為有抓草藥的專長，而能平安返回故鄉。

年齡最輕的是少年工謝清福，他參加海軍工員台灣少年工，到日本的時候只有十三歲，手指頭被機器軋傷。

當時台灣有八千名娃娃兵派遣到日本，李水圳及楊榮山都共同參加這次生命之旅。

在艱苦的環境中，甚至嚐過人肉的滋味，回憶往事不堪回首。

鄭能水回憶說道，太陽旗下帝國主義的日本精神深深影響他一生的生命價值觀。蔡火源在叢林之間流浪的經歷，勾出一幕一幕的火海和艱辛的過程。

幸運大難不死的青年，從戰場回台灣的時候，卻變成兩邊不是人的窘境，最令人同情。

這些孩子們不只在戰場上備受煎熬，日本投降以後，他們回到台灣從戰敗國的軍人，轉變成戰勝國的子民，雖然有喜悅，但是非常短暫，因為轉瞬之間竟然就要尷尬地面對另一段悲情的開始。因為過沒多久，二二八事件、白色恐怖的年代，在這些人的生命中，是不願再提起的憾事。

我們做廣播的經驗，也是從這一個單元開始，覺得自己要做更有意義的事，不但要成為一個廣播主持人，同時也要成為一個文史工作者。

我還記得播出的第一天，我自己痛哭失聲，是為自己的努力而驕傲，原來有聲書也可以做口述歷史，原來我也可以做得到，不是只會說說笑笑而已。

這群老先生不曉得是否還在人世間？

如果還在的話，差不多都已經逾百歲了吧？

6 油畫大師倪朝龍是我的小學老師，更是指引我生命中的導師

我做廣播節目，可以有點被肯定，或許是因為得過廣播金鐘獎，也或許是因為只要我搭上計程車，或是走在路上，一開口說話，常常立馬被認出聲音，問我是否是王一明？

每逢接 **call in**，往往聽友以「王老師」稱呼，我都是本能反應地回應「不敢當」。

人外有人，天外有天，能堪稱「師」字輩的，以唐代文學家韓愈的定義，傳道、授業、解惑也。加上家師吳兆南學問實在太大，所以個人對這個滿街「大師」、「老師」的台灣，總是丈二金剛。

不過，在我生命中，除了以口相傳的「廣播」及「說唱藝術」之外；以手書寫繪畫，也小有心得，還也曾經展覽過大大小小超過十次以上的

書畫展，在美術教育的養成，我很幸運，啟蒙恩師正是台灣油畫版畫大師倪朝龍。

在我讀台中市育仁小學時，倪老師就帶全校的美術課，他的教育，嚴而不怠，美而不華，教我們畫畫，更教我們做人基本態度。

如果你把美術課當作小菜，認為國語、數學、社會、自然才是主菜，因此膽敢在上美術課時不帶畫具，那麼即使是小學生，他也會糾正這種藐視美學的態度，絕不會得過且過。

我們小時候，倪老師帶我們去過台中公園湖心亭，以及寶覺寺大佛內寺寫生，一待就是好幾個鐘頭，他的學生只要出去比賽，別說是台中市得獎牌，全國性的大賽也都手到擒來。

倪老師有三千金，老大與我姊同班，老二與我同班，而且是坐在隔壁，老三與我妹同班，若是說，我王騰懋（我的本名）簡直就是他兒子，其實也不會太噁心。

有關「倪朝龍教授」、「倪朝龍校長」，實在輪不到我來贅述，讀者自己去Google，那就是一本書了，我要說的是他的人，雖然是畫師，更是我生命中的導師。

小時候，每學期的育仁小學開學第一週，他必然擔任導護老師，第一棒的意思，就是放完寒暑假之後，為小朋友鎖緊螺絲，可見他自己要求我們很嚴格，要求自己更是嚴格。

為什麼這麼說呢？我也有很多朋友在國中高中擔任老師，坦白說一個寒暑假下來，多多少少也比一般上班族多放鬆那麼一陣子了，每次要開學就會告訴我，他們即將要投入教學工作，也就是要自我鞭策了。

才三十幾歲的倪老師，那個時候就是負責幫全校師生上緊發條的角色。我們的美術課不是在打混仗，而是在寫生、畫圖、學水彩，兒童畫的精神在於小朋友想像力天馬行空，色彩可以用的跟大自然不定相同，卻很豐富。

從一個小朋友的畫作裡面上，往往可以看得出來，他的心情是否是絢爛的？我們的美術課每次就是上滿兩個小時，老師會從每一個孩子的畫作身邊經過，並且幫我們從旁指導，但是我真的很怕他走過來，因為他會毫不留情的把我那一盒寶貝水彩擠滿整個調色盤，再把我整個畫作不足的部分補足，狠狠地變成了我跟他合作的畫作。

倪老師對色彩的紅藍白紫綠，可以定義自然，更可跳脫自然。他年輕時，也畫水墨、也畫水彩。他少年時，也跟在其恩師身旁，像是徒弟服侍著；等他當上老師，也就自然把學生當作自己的孩子般嚴厲，卻是父愛般溫暖。

小孩子哪知道這個是寶貝？如果我能夠留下來倪老師加上王一明合作的畫作，六年下來，這一些作品大概也可以滿足自己的虛榮心，因為我跟大師一起畫圖，對每個孩子來說，都是空前絕後的生命謳歌啊！

恩師二〇二〇年底，以「謳歌」為題，在國父紀念館展覽，給我們

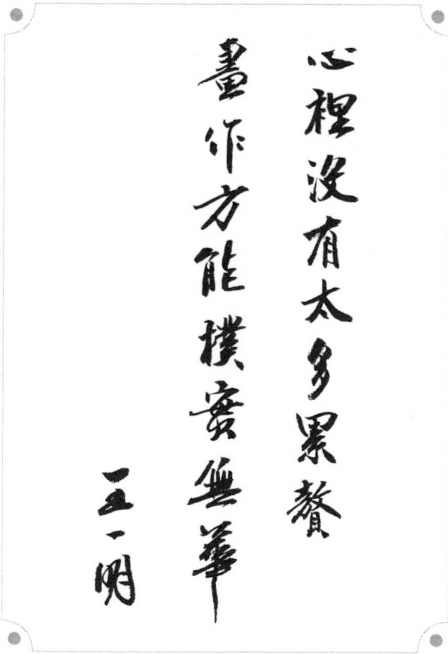

表現的機會，在開幕茶會時，以相聲方式幫他介紹給現場滿滿的來賓。

然而，這是他這輩子唯一下錯的一步棋！

我看過太多場有關於他的開幕茶會，司儀大部分都是正經八百的介紹倪教授，想不到上來國父紀念館，竟然栽在自己學生的手裡。

因為，說相聲的嘴，涮馬桶的水，我們抖的包袱，害老師和師母差點兒在所有來賓面前，從椅子上面摔下來。

不過，從台上看到台下的他笑得合不攏嘴，我回到家裡竟然不小心流下了眼淚，為什麼呢？心疼！

你們以為一個大藝術家，就是很幸福美滿的住在庭園別墅，逢年過節讓市長、局長來拜年送禮；遇到了展覽的時候，媒體爭相報導，人潮幾番的報到……，就像是畢卡索或是張大千之流的這種出鋒頭的大畫家嗎？

甚至，一廂情願地認為，從此就可以每天過著幸福快樂的日子，抽雪茄、喝威士忌、啖牛排、坐名車，那麼你就是電影看太多了。

其實，我心疼老師的是，每天除了在家創作以外，老天爺還把那集靈慧美麗於一身三女兒的身體病成了漸凍人！

他這個老爸爸和師母，每天要負責照顧，一天都不能離開床邊，就算是從台中上來台北國父紀念館，也不可能在台北住上一夜讓我們盡孝道，因為他必須當夜趕回去。

這樣子的生活，他過了幾十年，年紀老了，卻從未叫過一聲苦。老父親的老身體，還在為未出嫁的女兒燃燒，沒有停止。

所以那天，我將他逗笑了，下台之後，有許多人來說喜歡我們的演出，我沒有得意；而是，願意將答嘴鼓的說唱藝術用在讓人開心，就像老師留下來的畫作，是永恆的美！

展覽快要結束前，有一天他又北上，要我一起去外雙溪吳炫三教授的家裡面，看看木雕，看看畫作，看看溪水與近山。

我在旁邊靜靜的聽著，兩位大師原來跟我們都差不多一樣，說的聊的，也都是家人與美術界的近況，話既不多，輕輕帶過，更無八卦，我想，心裡沒有太多累贅，畫作方能樸實無華。

用餐之後，再陪同兩位老師去創價學會①，恩師將版畫與原創作的系列木雕版捐出，雲淡風輕地放下，若論價格上看，千金萬金，若論價值，那就是大師想留下給美術界的一片心，如此而已。

忙完這天的行程，我開車載著老師師母又從外雙溪趕去高鐵站，車上，老師忽然發話，要我把廣播生涯的心得寫成一本書。承蒙恩師的器重，他這次要我提的，是史筆，而不是水彩筆。

像這樣子的大師，影響我的一生，從小到大，倪朝龍、韓錦田、李轂摩、李奇茂、杜忠誥、林隆達、陶晴山、周澄、柳炎辰、丁玉熙，都指導過我的書畫；當然，也都是我在廣播節目中真實的素材，我的聽友，可以聽見他們美學上的成就，以及背後的付出。更可以聽見許多美展的新聞，及藝術家的真人實事，在我節目中，有柴米油鹽醬醋茶，也不缺琴棋書畫詩酒花。

---

①台灣創價學會為源自日本的佛教系新興宗教團體，該團體推廣藝文活動不遺餘力，位在故宮對面的台灣創價學會至善文化會館，致力於提升民眾對台灣本土藝術的重視，同時廣邀世界各國一流演藝團體，介紹到台灣來。

7 推薦好電影滿足電影魂，歡喜成為幕後推手

朱延平導演曾說過，有一兩年，他必須載孩子上學，在車上喜歡聽我跟梅子答嘴鼓，那是他一天很輕鬆的時間。

像他這樣子的人，多少畫面在他腦中構圖，當然偶爾需要放空，聽廣播，尤其是像我們這種沙龍節目，的確很放鬆。

我喜歡看電影，從小無所不看，舉凡軍事愛國片、瓊瑤的三廳（餐廳、客廳、咖啡廳）愛情文藝片、黃梅調的、武俠的、搞笑的……，我可是十足的電影寶寶，都愛看。

買票從學生票二十五元，看到全票五十元，進戲院門口拿一張「本事」（以前電影院會發一張介紹劇情及角色的文宣，有時候還會有下個檔期的電影預告等），先將劇情劇透一下。

電影開演之前，先起立唱國歌（在一九九〇年之前，看電影前必須唱

國歌），然後就吃起福利社賣的雪糕、彈珠汽水、魷魚絲，一旁大人嗑起瓜子，還有邊看電影邊抽菸的。

最妙的是，莫過於看到一半，旁邊字幕會用手寫：「王某某先生外找」……。

甚至，過去有些電影院不清場，看到你過癮為止。往事歷歷，電影真是吸引人。

我進入廣播圈，開始有機會訪問來賓，絕大多數是為了宣傳新上映的電影而來，當大銀幕的大明星走進播音室，最樂的，相信還是聽眾。

從小，媽媽帶著我們進戲院看「梁山伯與祝英台」，也買了黑膠唱片，我回家聽，跟著哼，如今已到中年，仍能一字不漏的唱著黃梅調。

有一次，為了宣傳在台大校園舉辦的「周藍萍與他的歌及電影」展覽，台灣大學沈冬教授來我節目，我訪她之前做足功課，先進台灣第一學府看展覽，才敢與這位策展人開麥。

展覽中，才知道我所深愛的梁祝電影，還有媽媽最愛的流行曲「綠島小夜曲」，原來都是出自周藍萍先生的創作。我訪問沈冬教授時，她也感受到我那電影魂。

我們從「遠山含笑」、「草橋結拜」、「是男是女」、「十八相送」、「訪英台」、「樓台會」、「哭墳」、「化蝶」等邊聊邊唱，周藍萍老師若是有知，在天上聽見也會微笑。節目中的互動，聽不出主持人與來賓才剛剛認識而已

時間不是距離，幾十年後，我們與周老師的千金周揚明也成為好友，甚至結識當年與周老師合作最多的李行導演，這天賜的緣分，都源於一個廣播節目的開始。

新加坡大導演梁志強，當年拍一部「錢不夠用2」的電影，劇中描述三個兒子將年邁老母當人球踢來踢去，電影上檔來台大大宣傳。

我與業者（引進台灣的片商）張烈東老闆因為被劇情感動，不但邀請梁志強導演上節目，更與該劇來台宣傳的演員李國煌（二〇二〇年還入圍金馬獎最佳男演員）一票人，在西門町舉辦為母親洗腳活動，大力在空中分享孝道。

後來，梁導演的「我們的故事」電影，提拔了新人廖永誼與薛素麗這兩位後起之秀，也因為在片中戲分不輕，在新加坡漸成氣候。

這趟行程除了訪問梁志強導演的電影之外，大家也為他預備在台中籌拍的新片「殺手撿到槍」給些意見。我們這台灣幫的好友，會建議他找台中的人脈，會在剪輯時幫忙配音，毛片出來會去看試片，等到正式上映更是包場支持，對電影這種藝術，我們絕對全力相挺。

身為廣播人，有一些電影試映會會邀請我們先睹為快，就是盼能在空中當作空軍在空中分享，讓聽友一飽耳福之後就走進電影院，但也因此而認識許多真性情的電影人，比如說「老大人」這部片，讓我認識我的好朋友喜翔大哥。

話說喜翔哥在片中飾演勞工孝子，礙於現實不得已將小戽斗父親送到安養院，與同胞妹妹黃嘉千竟起爭執，像這種實寫電影也會出現在現實生活中，真人真事活生生地在片中赤裸裸的呈現。小戽斗先生以電影「老大人」榮獲第二十一屆台北電影獎最佳男主角獎，獲獎隔年，二〇二〇年就因病去世，拍完這部電影，隨片宣傳，我還有機會為這部電影介紹

周藍萍時代經典回想曲演唱會

給聽友。

我更沒有想到，訪問喜翔哥後兩年，片中一樣的劇情竟然發生在我家。喜翔哥演過很多社會寫實片，繼「老大人」後，還演出「蚵豐村」，以及與鄭人碩合演父子的「親愛的殺手」。

我問喜翔哥，飾演「老大人」要將爸爸送進安養院的兒子，或是「親愛的殺手」劇中因為自己罹病大限將至，竟然狠心要用枕頭悶死沒有謀生能力的身障親生兒子的心情，兩片中的一父一子，該如何詮釋？

其實，在播音室外，我寧願是個演員，戲殺青後可以抽離現實，但是此劇本，我就是演員，不知不覺，我也想過送自己一個枕頭。

到底，是電影影響了觀眾？還是，我們也在寫著電影的腳本？

幸好喜翔哥離開播音室，身為主持人的我又要迎接下組約好的來賓，讓我沒時間進入戲，就被逼抽離。

除了劇情片，我也介紹真實劇情的紀錄片。

比如張烈東導演長期關注戲曲曲藝，亦或是與我同是從事台灣傳統文化的楊力州導演的布袋戲紀錄片「紅盒子」，還是跑遍世界宣傳的朱岩蘭導演以啦啦隊為主題的紀錄片「老娘就要這麼活」，該片現在還要重拍成為劇情片，讓我十分的開心，我坐在播音室，也可以當推手。

一般主持人願意推薦好電影，當作是工作，但我也曾經認為這不只是工作，而甚至是……私心。

校園青春愛情片「有一種喜歡」的上映，我不惜包場招待各界人士，邀請朱延平、虞戡平導演，音樂出版界陳復平總經理、周揚明製片、丁曉雯老師，以及相聲界劉增鍇老師，新聞界侯乃榕主播等人，來捧王郁惠導演、女主角王宇兒（現改名王暄晴）的場。

如果說，我一擲千金不是為了包養女明星，那麼我所為何事？嘿嘿嘿，我就不向讀者交待了，免得愈描愈黑，隨著電影下片，早已經往事如煙……。

或許，未來的歷史會這麼寫著：有人在演電影，拍電影，我，播音員，則是在「說電影」。

8 謝謝市長朋友們，你們的每一句話，都豐富了我的節目

小時候，都幻想在畢業典禮時得市長獎，可是市長獎都是第一名在得的。記得那時候，當過台中市長的有陳端堂、曾文坡，還有後來的林柏榕，我們看到這些名人，如同看到天。

我做廣播，發跡於台中只做半年，轉戰新竹八年，再到台北至今，沒曾想過，市長那麼大，卻進到我這麼小的收音機裡發聲。

新竹市長童勝男，因為我們新聲電台初到竹塹，讓我有機會首次進入新竹市政府，那個建立於大日本帝國大正十四年（一九二五年），始用於昭和二年（一九二七年）的國定古蹟，有歷史、文化、藝術價值的衙署。

沒多久，民進黨蔡仁堅以強勢的文宣，柔情似水的歌曲「新竹的風」，加上新黨大老許歷農在選前於新竹市眷村為他掃街拜票，讓他成功拿下

國民黨執政的藍票倉。

蔡市長第一天上任，我拎著錄音機，直奔市長室，讓蔡市長簡單報告他未來的施政方針，當年尚未有網路新聞，報社記者連數位相機都還沒有，是個底片沖洗相片的時代，我這廣播記者兼主持人，頭條搶贏了當天中午的電視台，以及次日的各家報紙。

廣播的魅力在聲音的感染力，但是對於我的節目來說，新聞的露出更是在搶速度。後來的四年，蔡仁堅市長花了六千萬將古蹟東門城用光雕藝術改建為「新竹之心」，從此以後新竹市區擁有最大的大型演藝廳，讓我這個喜歡聽相聲、聽音樂表演的人非常高興。

還有，新竹火車站、竹蓮市場、東大路高架橋……，他的政績，的確讓人刮目相看。

那四年，我主持的新竹在地節目，放送過多次蔡市長的低沈聲音。

四年後，國民黨派出立法委員林政則挑戰現任市長蔡仁堅，而我開始學習在節目中做到平衡報導選情，因為當年輕的我一旦偏頗立場，我也就不是我了。二十幾年後想到當年，兩位候選人都與我有著因採訪而累積的深厚的友誼。

開票當天，我的節目中宣布林政則當選時，還故意強收情緒，中立唱出票數，這或許也是未來，我在中視新聞擔任台語主播兼主持人時，訓練出來如何展現更專業的前哨戰。

我與梅子訪問林政則市長，從教育談到藝術，從產業談到經濟。當他還是立委時，已經是節目常客，進入市政府後，待人處事都客氣的他，不忘記時常跟市民朋友「報告」市政。

他主政八年，第一次挑戰成功，以九萬票打敗現任蔡仁堅六萬九千票；四年後連任十一萬票，又打敗同樣與我私交甚篤的挑戰者民進黨鄭貴元的四萬九千票，並在任內連續榮獲施政滿意度第一名的市長連續三年。江湖中充滿競選味，四年一次，心跳一百；後來，我也離開地方，來到台北市。

至於下一任的新竹市長許明財，是擔任過社會科長、社會局長，後來國民黨提名競選高票當選，也是我的老朋友。

二〇〇〇年我結婚的時候，許明財市長來參加幫我致詞，不過當時他還在社會科長任內。當他競選連任的時候，只以一千零一十四票敗給了民進黨提名的林智堅。

我猜這結局，就連當時的許明財市長沒有猜到，如今現任的林志堅市長沒有想到，而回鍋競選的前市長蔡仁堅也沒有算到，江山如此多驕，引無數英雄競折腰……。

新竹市長的部分講完了，等我從新竹上來台北市，當然也偶爾有機會跟台北市長錄音，只是在規格當中，我不能沒有預約，就直接走進他的辦公室，地方跟首都畢竟不一樣。

在我師父吳兆南大師做大壽的時候，馬英九市長曾經蒞臨壽宴。而家師跟郝柏村院長友誼的關係，因此郝龍斌市長也曾經來過恩師的壽宴，同樣的，我也以廣播人的身分，進入台北市政府跟郝龍斌市長錄過音。

到了台北，我就比較專心主持節目，不太跑新聞了，但是逢年過節還是回到市長室收音。

我曾跟梅子受邀在台北碧湖公園主持內湖媽祖煙火祭連續兩年，第一年的貴賓是郝龍斌市長，第二年的貴賓則是新任的柯文哲市長，（而他，其實又是新竹人！瞧！巧？）除了台北市政府掛指導單位之外，我們電台也掛名協辦單位，把 Live 的媽祖活動播了出去，之後在節目中宣傳活動時，也打紅了王一明唱的「媽祖的囝仔」，還有唐芯唱的「媽祖之歌」！而這首歌在我節目中放送，加上台北市政府的大力宣傳，榮登博客來網路排行榜，我藉活動親繪的內湖媽祖圖，也引來總統蔡英文佇足欣賞，目前這幅畫還掛在內湖媽祖廟內。

來參加活動的好幾萬人當中，首要是來看煙火的，也有來躦媽祖轎腳的，我們在台上安排了很多大牌藝人綜藝節目先暖身，市長再上來以大家長的身分致詞。

我還記得柯文哲市長講到該講的都講完了，媽祖轎子卻仍在幾萬人之外，遲遲進不了會場，台上的我們為了不冷場，索性拿著麥克風聊起天來了。有鑑於台下站著有很多專程來看我的聽友，所以我談到自己因為心肌梗塞裝了支架的事，其實這是跟媽祖繞境完全沒有關係的話題，但市長以柯醫師的角度問了我幾個問題後，堅定的告訴我，我還可以活很久，給了我很大的信心繼續堅強的活下去。

聊了一陣子，媽祖轎子依然讓我們望穿秋水，台上話題聊到大甲鎮瀾宮媽祖繞境的時候，柯P脫口說出，搶轎會這麼兇，都是黑道引起的，身為活動主持人，我跟梅子馬上把話題叉到旁邊去。

現場當然有很多電視新聞的攝影機，那種場面，即便當時站在身旁的謝長廷先生的政治敏感度或反應靈活度，也都來不及踩剎車。柯P這一句話，就被媒體放大變成了當天最引人討論的話題。

媽祖煙火季之後好幾年，我與梅子在偶然的機會，被邀請到台北市政府觀傳局所屬的台北電台去主持節目，節目還曾經入圍過廣播金鐘獎最佳流行音樂節目獎，這事兒，也已經好幾年了。而節目現在仍製播中，歡迎大家收聽，北台灣請轉 FM93.1！

對一個市長來說，聲音在廣播電台的節目出現，只是想藉由媒體跟民眾拉上一條聯繫的線。對於我的聽友來說，能夠聽到市長本人的聲音，多多少少也能夠了解這個城市的文化以及活動。

而對我這個廣播節目主持人來說，無論是市長還是市民？你們的每一句話，都豐富了我的節目。

9 其實，我是一個能文能武的演員無誤……

舉凡吾廣播界，堪稱「宗師」級的人物，無論是張宗榮的「武俠說書」、吳樂天的「娛樂天地」、俊鳴的「三國演義」、石川的「微微笑俱樂部」，總是離不開廣播劇！

而這些宗師的乾話，如果背後沒有一個能將故事更生命化的配音師，節目則失去靈魂。

剛剛我所介紹的國寶級主講人，或單口、或對口，甚至群口①，他們的講古或廣播劇，過去幾十年中，在心中有品牌的主持人口中公認的宗師級配音師廖江華老師，不只能在口述歷史時襯上洞簫，或是黑道互嗆時配上刀槍聲，又或者在冤鬼報仇時配上「嗚嗚嗚～」的音樂……。

如果只是這麼陽春，這些廣播劇可就撐不起買全台的甲級時段②，每個月花幾百萬的台費，讓電台的指定藥房每個月切貨要拿現金去排隊。

這種種的努力和手法，只為了節目放送時的「廣告時間」播出之後，天天有聽友整箱整批的買介紹的藥品，藥房業務開心地出入酒家喝酒唱歌，電台業務擺闊地個個開名車。

搶預排時段，得要拿大錢請前一個時段的主持人喝茶讓出甲級時間（類似權利金的概念），只求無論如何能再買到熱門時段……。總之，卡位戰是天天上演。

然而，這些台灣早期的廣播經濟，除了宗師級主持人的嘴，就是配音師背後的音樂與音效了。

廖江華老師配音的都是張宗榮、吳樂天、俊鳴、石川等等王牌中的王牌，他全身最值錢的器官，不只是手能操作機器，更是耳朵能辨別好壞聲音。

一九九八年，他與友人無意中來到新竹新聲電台坐坐，我與梅子正在播音室上現場，不知在外面的辦公室，正有一雙耳朵在聽我們兩個小朋友胡說八道。

節目結束後，當時的台長吳南杰隨口問廖老師有關於我們的主持有何指正？從那天起，廖老師竟然首肯每週下新竹二天，成了為我們指導的幸運日。

從此，我們吃飽飯，開始拿著老師給的廣播劇本練，有爆笑喜劇、有歌劇、有社會寫實劇……，非常多樣化。

錄音時，一再句句被刁；錄音後，看著老師用盤帶與黑膠曲盤為我們配音，半夜三更錄音是常有的事，天明才睡在電台更是家常便飯。就這樣，我們學會了廣播劇。

這些功夫，竟然成為十幾年後，我與梅子獨立創作「台灣答嘴鼓」台語相聲腳本的養分，並獲得金曲獎最佳戲曲曲藝專輯獎四次入圍，一次得獎的起手式！

我曾經問廖江華老師，為什麼是我們？沒道理呀！他回：你們的聲音質感清亮，一搭一唱默契絕佳。

當年，已經半退休的配音師，遇見兩個未啟蒙的小播音員，他形容自己像是雕刻家遇見山林內未被發現的良木，經過他的巧手雕刻，木材變成博物館鎮館之寶。

我不敢辱沒老師當年諄諄教導，現在仍砥礪自己創作好段子發表，無論是廣播劇或是答嘴鼓，除了製作主持，還沒忘記告訴聽友，其實，我是一個演員……。

---

①相聲有三種表現方式，「單口」是一個演員相聲表演；「對口」是兩個演員以一問一答演出相聲；「群口」則是有三個以上的演員表演相聲。

②甲級時段指早上八點到中午十二點，以及下午一點到五點，因為是上班時間，最多人聽，賣藥最好賣。乙級時段為早上六點到八點、中午十二點到下午一點、和傍晚五點到晚上十二點，費用便宜。丙級時段為凌晨十二點到清晨六點，台費最省，但，生意最難做。

10 上帝指示要脫赤腳，大醫王張牧師神手指壓腳底除病痛

在我廣播節目訪問的，有藝人、有政治人物、有用生命寫歷史的人，當然，也有各種奇人異事。

我訪問過的台北南港復生教會的張建文牧師，除了是神職人員，更是一位腳底指壓的大醫王。

在基督教會中，總是稱上帝為大醫王；身為牧者，總是在做主的工，榮耀則全歸上帝。

主靈的恩典夠用，張牧師從每個人的腳底可以檢查出該人的過去病、現在病，甚至是未來病，就因為如此，我覺得張牧師是大醫王。

我們的腳底有全身器官的反射點，心肝脾肺腎、胃胰臟十二指腸、上結腸下結腸乙狀結腸、甲狀腺副甲狀腺、膀胱尿道、女子宮男攝護腺、

坐骨神經上下身淋巴腺、頸椎胸椎腰椎尾椎、頸腺眼睛耳朵鼻腔牙齦、扁桃腺喉頭氣管胸腺……，我寫到這裡，沒抄半個字，而是自己已能默寫默念；我非學醫，這些全是張牧師教我的。

器官互相影響，先天後天不一，腳伸出去到他的手，他可以知道你爸爸肺臟呼吸系統不好，或是你媽媽腸胃消化系統不健康。與我初次見面，他就預言我心臟的事情，果然後來心肌梗塞病危，所以我說，他連未來病都能預言。

無私的是，他懷有耶穌的愛，願意在節目中，教導在平日裡如何用腳底指壓預防及治療疾病，只要你能耐痛，恩典永遠夠用。

我親眼見證，我弟弟因扁桃腺腫大，無法吞嚥，連喝水都不行，在某大醫院急診，醫師說要氣切，這可不得了，我們帶著指壓棒，依照牧師指示進急診施壓治療，只見弟弟痛叫後，說也奇怪，他竟可以吞口水了，正牌醫師再驗，好奇他吃了啥仙丹妙藥？竟躲過氣切命運！

還有一個阿婆，八十歲高齡已是羅鍋駝背甚為嚴重，牧師教她自己用棒子指壓胸椎和腰椎，因阿婆早已年邁，終日無所事事，在家就按腳，而「奇蹟」都是為這種傻傻聽話的人而出現，她竟然可以挺胸而走。

話說回來，正確醫療當然也要信，我非專報偏方或民俗療法，但是只要你脫下鞋打赤腳，你將會張大嘴巴懷疑，上帝從他身上印證太多奇蹟，發生之後，也就不用懷疑了。

張牧師的二個兒子，如今也都當牧師服務人類，尤其是老人共餐、一九一九食物銀行、失智症老人關懷據點。將主耶穌的愛深化，並走入社區、走入人心、走入每一個呼吸！

不過，最讓我及聽友津津樂道的還是，他手上棒子壓下去時，你已經痛到呼天喊地，他卻露出燦爛招牌笑容，告訴你：「痛快痛快！痛，就是有效治療」；若不痛，他心中有數，見你病入膏肓，也就笑不出來了。

上帝呀！求您賜福給張建文牧師全家平安健康，讓他長命百歲，阿們！

王一明vs王一明

會客室三十載說也說不完，只好下集待續……

王小明長大了，在藝界也超過三十年了。

「你王一明的廣播節目會客室，就這些人而已？」

「喔！人太多，我寫不完啊！希望沒有寫到的，以後再寫，如果還有以後？……」

「那……我們還有什麼事要現在就說的？」

「我想想，再想想，再寫寫……」

第 5 章

何德何能 愛心助人又金獎加持

1 空中宣布「愛心待用餐」，得來千呼百應的實質聲援

二〇一三年四月二十三日，我和梅子在廣播現場節目當中，一邊播歌一邊翻報紙，突然看見義大利有「愛心待用咖啡」的一則報導，覺得適合介紹給聽眾朋友。就在一首歌大約四分鐘的長度，決定了我們以後廣播生涯的某些事情。

我告訴梅子，義大利有人這樣做，我們也來辦待用咖啡。她到底比較知道民間疾苦：「如果我們將往常每年只在過農曆年後買米送給需要米的聽友這件事，改成舉辦常態的『愛心待用餐』，你不覺得比較實際？」

「那麼，找誰？」我問。

「台原味小吃店呀！好嗎？」她說。

一首歌很快就播完了，我們也宣布從今天開始，只要孤苦無依、老人

獨居、隔代教養、中年失業，或者……同居女友跟人家跑了，甚至是老公打老婆心情不美麗，都可以來領「愛心待用餐」度時機（台語，過生活之意）。

說著說著，牛吹下去了，還宣布等一下下節目後，由我們捐出三千元給「台原味小吃店」，救苦救難。

話說原本就是忠實聽友的「台原味小吃店」老闆蕭大哥嫂，忽然在收音機毫無預期的聽到我們在CUE他們，也是你看我、我看你，心想王一明和梅子在玩啥遊戲？

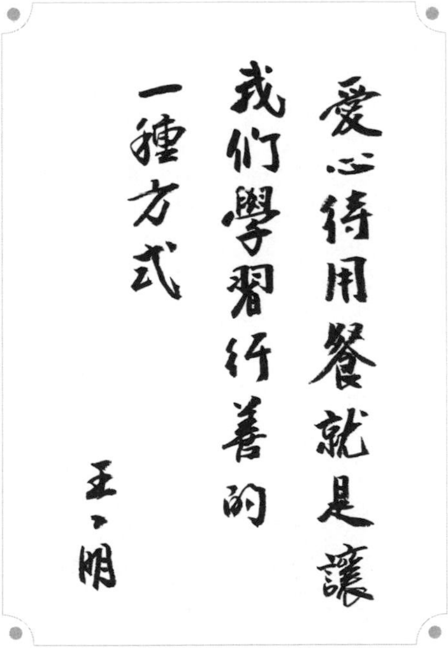
愛心待用餐就是讓
我們學習行善的
一種方式
王一明

我們上午十點下節目就直驅信義區，掏出三千元，以為這件事就這麼簡單！誰知

道，這才剛剛開始而已。

第二天在空中宣布後，想不到還真有人聽到以後去吃，心中甚為得意。

但是，問題來了，以三千元除以每個便當五十元，一旦六十個便當被領完，是不是就這樣不了了之？還有，如果是開賓士車來領？給不給？每天照三餐來領？給不給？

甚至，有聽友聽到廣播，經濟真的潰堤，專程從三重區搭公車轉車領完又折回的，路程太遠了。還有，如果想包給年邁父親的，連帶自己就要兩份的呢？如果連全家都過得不好，一次要外帶八份的呢？給嗎？

這些都是在當天那首歌、那份報紙的待用咖啡報導，沒能可以想到的。

第一週，我們很單純的信誓旦旦說出口，天真的把三千元當成三千萬來宣布，眼見錢就要被吃完，竟然陸續接到聽友 call in 表示也要捐款。

我們當下決定，給他地址，不經手錢，請聽友自己去捐，五十元不嫌少，一百元不嫌多。

結果，接到一位未曾 call in 的聽友，他說聽我們的節目多年，知道我們的個性不會亂搞，希望我們去他那兒取錢，他願意捐款三萬元！

哇！「愛心待用餐」才推出就要捐，倒是嚇到我們，但是仍然在致謝之後，說明我們不經手現金的原則，請他自己去捐。

奇蹟慢慢出現，有小學生捐出每天省下十元早餐費，一週共五十元拿出來捐，兩個兄妹共一百元，這筆錢好巨大啊！也有位阿婆往生前交待後代，一定要將「手尾錢」親自護持給王一明與梅子發起的「愛心待用餐」，然後才安心撒手西歸。

有聽友吃了一陣子忽然不見了，過了一陣子又出現，表示想捐款，因為已經找到工作，想回來回饋社會的恩，幫他暫時度過那陣苦日子。

我們這件事無心插柳，卻贏得很多空中的支持，還有……更多的求救聲。

於是，第二個月，南港的「美二佳蛋糕」成為第二家；然後，在台北各個區域，開始遍地開花，最多曾經到三十幾家，陸續配合；如今已超過八年多，也還有二十幾家。

而這些提供待用餐的地點，都是由我們捐出第一筆錢，再由聽友自發性護持，錢若不夠，我們再由薪水補上，所以我必須打工，打到天荒地老。

善緣一個個來，像是瑪里士的王增譽董事長，因為喜歡聽我們節目，長年護持這個公益事業。這種聽友不勝枚舉，族繁不及備載。

回想起二〇一三年的農曆新年時，復生教會發紅包，裡面不是錢，而是張建文牧師親筆寫下各種「聖經」金句，讓我們自己抽，好似廟裡抽籤，看看今年神要跟你說什麼？

結果我們紅包內的卡片，清楚寫下：

「學習行善，尋求公平，解救受欺壓的，給孤兒伸冤，為寡婦辨屈。」——以賽亞書第一章十七節

當時還覺得不是滋味，善事平常就做，何必再學習行善？結果才過不久，當年四月就辦「愛心待用餐」，至今已經八年多，抗戰都勝利了，我們還在走下去。

我的臉書粉絲專頁也會持續分享愛心餐的點點滴滴，作為我的日記。

2 四二三「愛心待用餐」發起日，這天就是我生日了

二〇二〇年四月二十三日，我的臉書提醒回顧：王一明、梅子主持的節目「台灣答嘴鼓」，在二〇一三年四月二十三日推出廣播電台歷史上第一間愛心待用餐，希望能夠幫助一些孤苦無依、中年失業、隔代教養、經濟困苦，但是政府機構卻沒辦法幫助到的人。

剛開始的時候，我們兩個傻傻的人，並不知道這麼做下去，會停不下來，也不知道會幫助多少人？我們不是要作秀，不是要做功德，只是單純地做，努力奔走，從第一間「台原味小吃」、第二間「美二佳蛋糕」，一間一間遍地開花，最多時曾經有三十間。

每一個捐款的人都有他的故事，每一筆被領用的金額，替社會避開多少災難，不用因為沒錢吃飯而冒險行搶或走入絕境。

第一年，二十間待用餐店家幫助二萬一千五百三十四人次，捐款超過

一百萬。

第二年，超過五萬人次，總共在北北基有二十八間店。

今天又是四月二十三日，已經是滿七周年生日，光是算最近一年的捐款，至今天為止超過五百萬元，光是最近一年幫助十萬人次。

從第一年的二萬多人次，到第七年的超過十萬人次，我一邊算一邊哭，感到頭皮發麻，因為我知道，這筆如此龐大的數字，是我們的聽友，一元一元累積捐出來的。

今年新冠肺炎疫情擴散，放無薪假的人們多，吃「愛心待用餐」的人更多，我們不敢有任何滿足，只能更用心去做，讓有需要的人不要客氣，沒需要的人也請不要不客氣，更請有愛心的人踴躍捐款。

回顧七年來，「老張牛肉麵」的老闆陳陸千、「阿秀排骨麵」的發起人郭華山，還有長期捐款護持者朱進賢師傅，都因病相繼去世，但是我們仍延續他們的精神，哲人日漸遠，愛心在人間。

七歲生日，孩子出生都要上小學了！

我曾經表示，五年前我心肌梗塞病危時曾發願若能死裡逃生，必將永遠奉獻公益，從此不再過自己的生日，願意將「愛心待用餐」紀念日當作自己的生日，不慶祝，只是繼續走下去……。

當然，任何一家待用餐老闆若是錢不夠用，別自己貼錢，您 line 我，我們馬上送錢過去。今天只是其中一天，微不足道。

今年（二〇二一年）四月二十三日，我的臉書再次跳出回顧：「愛心待用餐」八周年！

從二〇二〇年四月二十三日至二〇二一年四月二十三日，捐款金額共四百五十二萬六千二百九十五元，這些錢都是我們的聽友捐款累積的，一年幫助九萬五百二十六人次，相

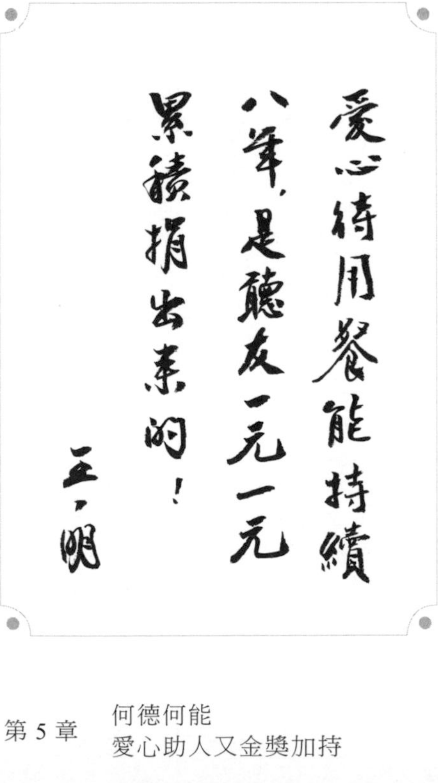
愛心待用餐能持續
八年，是聽友一元一元
累積捐出來的！
王一明

當於每個月幫助七千五百四十四人次。

台北、新北、基隆共近二十家，去年「鼎味珍鵝肉莊」南遷，「東湖蛋糕」退休熄燈，請讓我們為您致敬。其他的老闆與捐款者們，則是全年無休。

「美二佳蛋糕」重新啟動，專案提供愛心麵包，加上梅子私募饅頭、雞排，給受虐及被棄養兒童及青少年中途之家。

「新莊素食」固定轉帳活用捐於癌症病友。「內湖牛閣麵館」將待用餐走出店面，煮麵給弱勢團體，老闆詹小刀將愛心待用餐的意義更發揚光大，被蘋果日報大幅報導。三重「食事天下」和中和「阿興魯肉飯」，連農曆新年都照常捨飯，他們已經好幾年沒過年了。

汐止「阿秀排骨麵」發起人郭華山逝世四年，陳豐鎰、徐啟超、郭士萍等人接棒募款，老闆娘陳衣子仍抱傷，雖無力再做營業麵攤，日日卻只做待用餐，因放不下汐止這群人，然蠟蠋燒盡，身體不堪，已被迫暫歇。

天上的陳陸千大哥，是「老張牛肉麵」已故夥伴，猶記他當時會偷偷地多放幾塊牛肉在麵裡，給來吃待用餐的朋友，那笑容及面孔，我永遠記在心裡。

淡水「寶媽美食館」的陳世明、陳文珊夫婦，他們在母喪期間，待用餐並沒有停下供應，每每赤字還不跟我開口要錢。

還有王華汽車、北天宮、濟顛會、李金木、同協公司、宇立成衣坊、小北街王大姐、吳東武、謝易勳、黃綉霞、張余健、劉銘陽、陳忠信、方淑媚、林軒毅、湛俊恩、王菲、藍妮、黃銘韓、揚凱涵、曾淑女，甚至幼兒園的徐珞尹小朋友等等，以及太多無名英雄固定長期捐助。

很多人事物還沒提到，寫到這裡，忽然淚流，本以為只是做就好了，但是那麼多張臉孔，捐款的、煮飯的、受助的、電台老闆，以及每個人都在善願中發光發熱地生活，我們只是傻傻地在空中維持這個善願。

八年，孩子出生都要上小學了，接著，還能幫助多少人？

我，也不知道……。

3 全台灣疫情三級警戒來襲，愛心待用餐助大家一起挺過去

二〇二一年的五、六、七月，全台灣疫情三級警戒，我在臉書上發文：

我們的「愛心待用餐」，感謝又有蘆洲「小老闆魷魚羹麵」加入。

五月中以來到現在，超過三個月，從每個月不到二千人領餐，到現在每個月超過三千人，絕大部分是因為疫情關係，人們沒有辦法賺錢生活，不得已才來領「愛心待用餐」。

光是蘆洲一家，由於領取「愛心待用餐」人數超出預期，使得捐款不夠用。我先匯二萬元，再請王增譽董事長捐一萬元（他平常捐給萬華三重的就已經遠遠超過這個數字）；「愛心待用餐」位在新莊的據點「素食的店」也匯了二萬五千元過去支援，還有零星捐款，暫時在水庫補上一點點水。

位在中和南山路的「阿興滷肉飯」，以前每天大約六十人領餐，而三

級警戒期間，竟然每天要發超過二百三十個便當，每天不到早上十一點就有人排隊，甚至有警察站崗以分散人流。

三重車路頭街的「食事天下便當店」，五月份以來，多出了很多生面孔，他們多以雙手領取便當，並鞠躬致謝的動作來看，一定是從前過得很好，有受教育又懂得禮貌的人，現在放無薪假不得已而只好前來領取待用餐。

位在汐止的「阿秀排骨麵」的老闆娘，因傷病暫時停止供待用餐，原來的人群自動移到汐止大同路二段「福隆便當」領取，同樣善款也告急，另外，淡水「寶媽美食館」，錢的部分也令我們擔憂。

「愛心待用餐」舉辦了八年四個月，從來沒有在臉書說急需捐款，這次一樣不會在臉書上面提出呼籲，我覺得台灣人的福報永遠夠，因為平時還是有主動願意捐款的好心人，發揮大愛慷慨捐輸。

縱然政府已經辦理紓困，但仍有小部分人不足以顧及三餐，位在北北基的朋友，我們會盡力先幫忙。我始終相信這一關，我們同樣挺的過去！

一明和梅子這邊扣除家用，還有一點點錢可以隨時挹注缺乏捐款的店家，我們只是打工仔，但願上帝保佑電台工作保住，業績能交待，才有多餘的善錢夠挺過這一關。也感恩我的朋友們會及時相助！有您真好。

4 手持麥克風的社會責任，遠比金曲、金鐘的榮耀更重要

從新竹上台北，我要感謝王令麟先生，在新竹看到我主持振道有線電視的尾牙，馬上要我過年完，就到初開始的東森購物台當購物專家。王令麟先生知道，那個台上的我能做得到！可能是許多人看到台下坐著大老闆，往往失去準頭；而我，不只是能說能唱，也能賣！

五年後，我離開購物台，孩子也兩歲了，休息一年，趁有空閒，進修廣電基金舉辦的數位廣播電視人才培訓班。能夠再深造，多虧好友現任人間衛視蔡文清製作人的邀約。

我們這一組，經過了上課、組隊、討論，以及交作業等形式不拘訓練過程。在一次拍攝布袋戲中，我提議加入台語相聲的素材。

也因為這個布袋戲劇本，讓當時失業的我必須全心全力為這次作業寫出

台語相聲段子，期間不厭其煩地密集錄音，，甚至找梅子拔刀相助最後在我們通力合作之下，於一百五十位線上高手的競賽當中，奪下第一名結業。

我事後回想，這就是我製作台語相聲的敲門磚了。

後來，我與梅子再度以廣播主持人的身分，回到台灣聲音廣播電台主持。在那一年的閒賦時間，我索性將得獎的相聲段子拿給師父吳兆南看，他也認同我用母語說相聲。

在老人家開金口後，我著手錄製「台灣答嘴鼓之有錢真好」，由當時身兼同心圓唱片公司與吳兆南工作室的王在元製作人，拿去跟喜瑪拉雅音樂事業有限公司洽談，我們竟然出片了。

而且，第一張唱片就得了第十八屆金曲獎「最佳戲曲曲藝專輯獎」（二〇〇七年），後來一共入圍四次，人生劇本如此，不是我能想像。

廣播部分，抱著報名是態度，入圍是肯定，得獎是運氣，總共入圍了一、二十次節目獎及主持人獎，並且也拿下獎座（二〇一二年第四十七屆廣播金鐘獎「最佳綜合節目主持人獎」），累積了一些小小知名度，跟當年沒工作的我比起來，算是一種出頭天的小幸運吧！

得過獎後，無論是在人前人後，各種場合，別人就會對你比較客氣一點點，這的確是榮譽。

我想鼓勵後進，得獎與否看評審，或是也需要有一點點好運氣。不過，無論你有沒有把節目參賽？都要把節目做好，這是社會責任！這一支麥克風雖然小小的，可是你說出去的話卻是幾萬人在聽，你要給他們對的東西？或者快樂的東西？或者是說些無用的垃圾？其實都在你的一念之間。

我曾經許過願，想好好的把相聲做好做滿，平常主持廣播，天南地北無所不談，卻可能是下一張相聲專輯的題材，我就會馬上筆記下來，回家變成劇本。

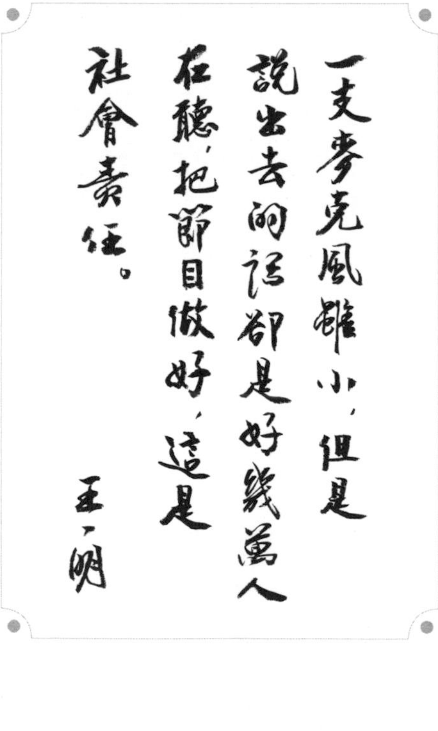
一支麥克風雖小，但是
說出去的話卻是好幾萬人
在聽，把節目做好，這是
社會責任。
王一明

5 雙料獎項不是天上掉下來，感謝貴人相助與日夜精進的自己

有一種靠嘴說話掙出一片天的說唱藝術，華語叫做「相聲」，日本叫做「漫才」，美國稱作「talk show」。我的母語是河洛話，在唐代還是官方語言，用台灣河洛語說相聲，則叫做「答嘴鼓」，我來製作與推廣，這也是一種使命感。

金曲獎最佳戲曲曲藝專輯獎的得主，在我之前是倪敏然、倪嘉昇父子檔、師父吳兆南與眾徒弟們師徒檔，後來還有李靜芳及許亞芬兩人各以歌仔戲贏得殊榮，如今承蒙看得起，也成為好朋友。

在倪哥棄世後，遺孀李麗華姐有機會帶著兒子嘉昇來與師父吳兆南學相聲，而已故相聲大師魏龍豪弟子傅諦也曾為師父吳兆南與嘉昇錄製祖孫相聲專輯，我全部隨侍在側給點主意兒。

台灣答嘴鼓之師父出馬

碰巧嘉昇剛剛進入青春期，嗓子變聲沙啞，只能先將計畫擱置，於是此案至今仍未發表，如今嘉昇也結婚生子了。

麗華姐與嘉昇母子倆在台北受洗成為基督徒，邀請我與梅子觀禮，如今看到孩子也要升格，我都成叔公囉！能不開心？主恩典滿溢，倪敏然哥天上庇佑矣。

做相聲志業，我也曾經與傅諦哥製作出版「傅諦說鬼」，一邊在旁觀摩前輩如何使單口？吸取養分。

可惜CD市場此時已經漸漸式微，加上無錢砸宣傳，台灣人少數能聽到這張說鬼經典，但要與司馬中原老師比，那還真是各有千秋！

童年只有一次，我也拉著當時在中視新聞當主播時的同事侯乃榕主播一起為孩子錄製有聲書「主播媽媽說故事」、「主播媽媽說故事2」。乃榕的孩子小比，是我從乃榕懷胎疼愛到現在的，他在錄音室「嗚嗚～呀呀～」錄下來的童音，吸引許多同年紀的孩子聽枕邊故事。

乃榕後來去了台視播新聞，做了「台灣名人堂」節目，蔡英文總統就職典禮的國家大典請她去當司儀，也畫畫拍賣捐款給公益，但是你如果侯乃榕「主播媽咪說故事」

去「愛播聽書 FM」平台當中聽她說故事，她就是一位謙遜溫馨的媽媽，或許你會更喜歡這樣的侯乃榕。

我和梅子還與鋼鐵爸（阮橋本）錄製「倒著走的人生」有聲書，勸人浪子回頭；與婦產科醫師楊翠蟬錄製了「愛愛好好玩」有聲書，說說兩性生活；以及與 Taco 及阿喵錄製成人適合聽的「AV talk 秀」有聲書，算是相聲的斜槓。未來還會出版什麼樣的脫口秀有聲書？其實我肚子裡還有很多的計畫，如果可以的話，就一步一步讓它實現吧。

回到相聲的本業，我自己非常努力的創作錄製了二十幾張「台灣答嘴鼓」專輯，要感謝太多長輩好友跨刀助陣，從一開始的梅子與王者、王魁聖。甚至，在得獎之後，斗膽請師父吳兆南客串，大師出馬，讓宗師級的相聲大師說說台語，他疼愛我，陪玩了三張專輯。

還有同是人間國寶的唸歌大師楊秀卿阿姨，與她的弟子鄭美與我們「唸歌答嘴鼓」，為我們再加分，我祈願近日健康走下坡的阿姨珍重身體。

還要感恩一路上合作的好朋友給我機會，劉爾金、恆春兮、洪都拉斯、丁曉雯、彭立、周揚明、阿國（洪宗適）、齊軒、劉增鍇、喬天藍、康康（康晉榮），你們的成就在一明之上，還願意委身相許，希望我們的合作，不要影響各位的演藝前途……。

「台灣答嘴鼓」專輯有良師益友，我也願意帶著一些年輕的朋友，情同兄妹的師徒，像是我那徒兒楊凱涵，粉絲比我多；還有紀佩娟，購物台時代由我先帶著，可說是很幸福的徒弟，以及她的女兒小燕子。

另外，表演工作坊的杜知晨，演出非常多的舞台劇，顏值高，聲音表情可愛，她願意跟我一起說台語相聲，也是我感恩的小老妹；警廣的傳軍，早年在台中全國廣播的時候，就已經得到了票選電台情人第一名的寶座，我們一起合作，是他給我很大的信心。

如果說，獲得金曲獎、金鐘獎以後可以讓我廣結善緣，貴人來相助，我同意。如果說，我自己不努力就可以憑著兩樣獎座橫走江湖？那我就不敢同意了。

學，然後知不足。

6 「工商服務」叫賣之後，又化身為文青主持人

廣播節目是肉！若是沒有骨？撐不住整個節目。

以前在台中廣播半年，學習如何做廣播節目，加上自己的秀場主持經驗，一招半式闖江湖，尚可領到薪水。

當年未婚，無某無猴，二萬七千元月薪，自己花很夠用；當家中有人要簽六合彩，輸了，就要我紓困，因為我遺傳外婆家客家本色，省點花，永遠夠，但卻也永遠不夠。

在台中廣播，我是吃飯桶中間的人（以前柴燒煮飯時，飯鍋中央的飯最好吃，意思是說食米不知米價，生活優渥的人）。上新竹新聲電台，照常單身一人，照常每接一通台中老家電話，錢就要匯款回去。

天下無不是的父母，所以我仍然是月光族。

只做節目的時候，一天工作八小時，身兼二個節目主持及行政班，領

足足月薪三萬元，不知天高地厚，沒有存款，餓不死，吃不飽，靠老闆賣時段做包租公養我們，在新竹新聲電台，我是溫室裡的花朵。

結婚後，遇到貴人轉戰台北東森購物台當SH（購物專家），扛業績。購物台時代的來臨，此通路賺錢如賺水，「商業周刊」採訪王令麟先生，封面人物以漫畫畫王先生，他的OS說的是：「Show me the money！」

當時，我們一天的營業額是一億台幣，我慢慢的聞到了金錢的味道，給我的薪水是八萬新台幣，五年合約，這樣子的待遇在當時購物專家裡面，算很少的。

就在這個時候，我當了爸爸，可以讓我養活一個小嬰兒，交得起台北市公寓的房租，以及應付台中的無底洞。

學會在節目中廣告商品，幫老闆賺錢，不再只是領死薪水而已，我很感謝東森購物五年的薰陶。至於存款？那就得問上帝囉！

我的第一張「台灣答嘴鼓」專輯段目名稱為「有錢真好」，為什麼呀？我結婚生子，要扛家庭了，內人鼓勵我完成多年心願，將母親墳墓撿骨，甚至還將父親用我名字分別向友人借錢的債，分期付款還清，這些，都要錢。

東森購物解約之後，進修及休養，一年之後來到了台灣聲音廣播電台，老闆聽到我之前的帶子，讓我們試試假日的時段；但是，跟以前的電台完全不同，它並非播放歌曲就好，重點是要會賣東西，就是所謂的「工商服務」，靠薪水之外，看你的業績，另外有獎金。

我想起師父吳兆南與魏龍豪也在廣播節目說相聲之外，廣告魚肝油；楊秀卿阿姨在廣播節目唸歌之外，也要賣東西；何況我有購物台經驗，為了養家，我們重操舊業，回到廣播電台。

假日塊狀節目的業績普通，直到帶狀的主持人異動，半年後我們決定接受挑戰。可是，做每天的節目，要扛起業績，但也一做就做到現在，已經又過十六、七年。

賣藥台，我們稱為商業台，賣的不只是藥，還有保健食品、清潔用品、枕頭坐墊、內褲手環、香皂化妝品，以及特產橄欖油，應有盡有，我本以為商品多，銷售容易，其實不然。

賣東西是一門深奧的學問！在購物台因為有畫面，看得到實品，但是在廣播電台，只憑一張嘴，要讓聽友把錢從口袋內掏出來，不只要說明商品價格，勾起需求，打中族群，更要靠廣播之神！

有時候，節目好聽，業績不好，原因是你把節目做太好聽，聽友忘記買了，有時候亂做，結果中了。

我到如今，有時還不知道廣播之神到底要我們什麼？電台老闆要業績，聽友要陪伴，我們要生存，三者互相依存，缺一不可。

我想，對老闆要感謝他提供平台，對聽友要感恩他喜歡我們，對廣播之神要存敬畏之心。電台每年亦舉辦寒冬送暖、送棉被，母親節送營養麥片及康乃馨，以愛之名，回饋聽友。

如今是這個工作，讓我養活了一個台北市的家庭，孩子上大學，供一棟房子，開一台小車，平時粗茶淡飯。

父親終於在一場大病後不賭了，因為安養院內沒有組頭，但是每個月有帳單；岳母期望與兒子同住的心願落空而失智，已經被我們納入家中供養，養得起兩個原生家庭及我們這一家，都是廣播之神所賜。

至於我廣告商品的心法是……誠懇，專業，明白，感動。這會不會太籠統？能賣東西，不是想像中的那麼簡單的。

在台灣聲音賣完商品之後，又化身為台北電台的文青主持人，不賣藥，單純做節目，訪問歌手演員，訪問作家藝術家，用我假掰的氣質，騙取自己的陶醉，因為在這個專門拿金鐘獎的公營事業，雖然只拿車馬費，但是我可以不是王祿仔（台灣諺語，意思是行走江湖，以賣藥、賣藝維生的人）。

第二天上午回到商業台，又捲起袖子工商服務，賺了錢，回饋愛心待用餐，並且得金鐘獎。

花朵不能代表愛情，但是玫瑰做到了；樹木經不起乾渴，但是仙人掌做到了；賣藥台不能得金鐘，但是王一明和梅子做到了。如此，能不感恩？

如果年輕朋友現在想做廣播？或是 podcast ？那就要學會扛廣告，爭取業配，別學我的上半場，吃飯桶中間，當溫室裡的花朵，讓老闆養，記得要賺錢給老闆養活自己，或是……，你自己當老闆！

賣東西，是很高尚的行為！

7 但願我的天空，永遠顧及絕大多數的聽友而堅持

二〇二一年五月十五日，我結婚滿二十二周年那一天，中央流行疫情指揮中心宣布台灣本土疫情一百八十例，台灣風雲變色，升級三級警戒。幸運的我，剛從林安泰古厝結束為期一個月的書法展。

對我來說，疫情期間正好又多出時間寫寫我的一些想法，如果有人想看看一個播音員在麥克風背後，有些什麼神秘，現在回頭一看，原來是索然無味，平淡無奇。

自媒體時代，廣播電台早已經開放民營近三十年，有線電視百來台，也滿足不了年輕人。

只要有網路，你自己就是一間電台。拍東西上傳，就能成為網紅；用手機就能拍電影，叫做主播的，不一定是沈春華、哈遠儀、戴立綱；有可能在台灣拍A片的妙齡女子，她也叫做主播，現在又改成直播主……。

而我們這些老屁股的價值，薄薄的如一張紙。

以前我在中視新聞當台語主播，在廣播電台主持節目，光宗耀祖，如今沒有光環，只剩下我的真人真事，跟讀者們聊聊。

說真格的，我是很幸運的人。我的節目很多人聽，多到我走路到任何一方都常常被人認出聲音，百工勞工，舉凡計程車或貨車，還有開復康巴士及娃娃車及送貨的司機、大樓保全、傳統菜市場、大小宮廟、做裝潢的、擦油漆的、賣檳榔的，甚至退休在家的，上山運動帶收音機的……。

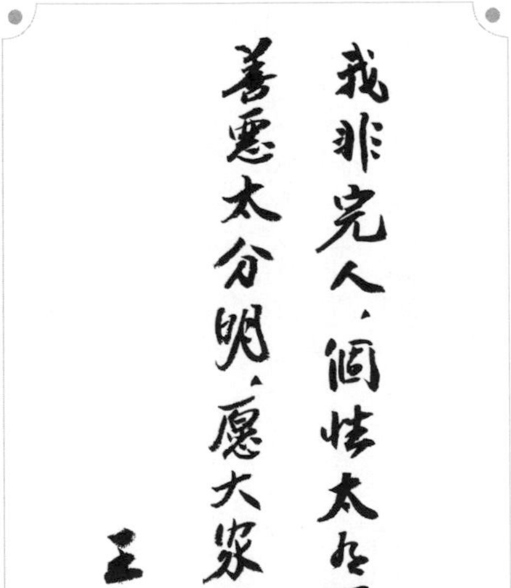
我非完人、個性太有原則
善惡太分明、應大家包涵
王一明

還有，原本聽愛樂、ICRT 轉過來的，我也納悶台性差太多，為何轉台？他們說，只聽完我的，又轉回原

來喜歡的電台。

我何德何能？不只是藍領、服務於故宮博物院的、行政院高官、政治大學教授、大媒體跟大企業的董事長、電影圈大導演……，也是我與梅子的聽友。

即使真性情如我，在節目中從不粉飾太平，有一說一，有二說二，對於 call in 不先關收音機造成回授（收音雜訊）的人，會被我因為公德心跟禮貌為由收線，我也常常被這種人告狀，老闆很是頭痛，要我為商業台忍住，還約談要我當觀世音菩薩大慈大悲、擱下是非，總之客戶最大，我也只好在空中碎嘴不能自私而必須顧全大局。

所以，當那些少數聽友造成讓別人聽不到而出現嘰嘰叫的回音，就會被迫讓我掛掉他的電話。這在商業台來說，是很對不起老闆生意的。但願我的天空，永遠顧到絕大多數的聽友而堅持；前題是，廣大聽友諒解我的初衷，愛我支持我，恨我罵我又捨不得轉走。

至今，我仍然知道大家時間一到，必然準時收聽，我的幸運，我的感恩，蒼天可鑑，蒼井空（日本 AV 界代表性人物，現為電視演員）也可見。

我非完人，個性太有原則，善惡太分明，願我的聽友包涵，願我祖先別從神明桌上跳下來怪我是不肖子孫，就像我也沒怪王法祖師元帥爺爺沒保庇我賭博贏得上億元，我自己不賭，怪誰？（這段故後面會有交待）

我大姊曾經說我嘴巴關不住話，到後來因果會回到我自己身上，我始終相信她是愛我的。但，鄉愿是不對的！

其實，這本書已經相當保留，更不堪的事，我假裝忘記不寫，給祖先留點面子，說出來的，旨在勸世。

人，一生一世不要賭博，要負責任，也不要寵壞父母，讓兒女承擔。

我寫書的描述不求當金庸、瓊瑤、倪匡或村上春樹；結構鬆散不求當李敖，雖然李敖大師生前跟我說，他很喜歡我們的答嘴鼓，我們算是很少被他公開批評的藝術工作者；要感謝出版社冒著賠錢的可能出版這本奇書，不比艷書「金瓶梅」，但願作赤裸裸的王一明！

有一天我死了，墓誌銘上面刻：「這個人以前說過相聲，只是現在說不了了。」嗯！有意思！不過，這是我師父的墓誌銘！

王一明的墓誌銘，可以這樣寫：

王公一明姓好漁色
鞭屍祖上死有餘辜
不賣假藥廣播為生
師承吳門也說相聲
寫過書法羲之後人
辦待用餐社會關懷
笑消業障熱心助人
烈士肝腸名士筆鋒
美人顏色古人一書

二〇二一年台灣疫情三級警戒時寫于台北市自宅儒鶴雅築

把每一天當作最後一天來活

王一明 vs 王一明

「喂！你老兄啊！自己寫墓誌銘？你才幾歲呀？」

「不是七年前才心肌梗塞病危嗎？從那一次以後，我們就說好，人生觀要把每一天當作最後一天來活著，你忘記了？」

「沒忘啊！」

「那，寫個墓誌銘怎地？」

「不吉利呀！現在這本書只是第一本，你當作絕筆？都不翻黃曆？不看日子的？」

「春有百花秋有月，夏有涼風冬有雪，若無閒事掛心頭，日日都是好時節。」

「……」

加映

誰都比不上我的神阿公、富爸爸

1

我曾是溫室裡的花朵，這次換我當個窮了孩子的爸爸

上個禮拜我參加了一個小學同學會，其中有一個八年沒見的同學問我：「現在，還在開那一部黑頭賓士嗎？」我回答：「不！」

自從孩子上了小學三年級以後，我就把車子換成國民車了。為何如此？因為，我要窮了孩子！

有一個長輩跟我說，我們家裡的孩子都是溫室裡的花朵！

兒時，我家住在透天別墅，庭園有韓國草皮、大王椰子樹，還有假山魚池，池裡養錦鯉魚，甚至庭園大到可以騎腳踏車。

每個房間都很大，客廳很大、餐廳很大、廚房很大，根本就是玩很大！

當別人家還在看十四吋的電視機的時候，剛好國內有進口二十六吋的電視，廠牌是增你智，這種電視機當年是限量，現在更已經絕版，因為

它是用實木裝成的電視機，同一組還崁入了錄放影機，是錄影帶發展初期小帶的 Beta，而不是大帶的 VHS！

這個電視機要從一樓搬到二樓，就得動用搬家公司用吊車，當時的電器行是沒辦法從樓梯間搬上來的。我第一次看到電視時，覺得我家是全世界最有錢的人，十歲的我沒有很驕傲，但是也絕對沒有想到，以後我會變得很窮。

兒童時期的我看到爸爸，穿西裝打領帶、戴著勞力士的手錶，總覺得人生這一切都是理所當然的。

家裡的孩子就讀私立小學，學費並不便宜，別人的國小註冊費一學期幾百塊，我們就要數千元。每個月還要另外繳錢袋，名目包含了校車交通費、營養午餐，還有第二節下課的牛奶費，另外有國樂、節奏樂、舞蹈課、美術課，都需要現金。

為了讓我們睡飽一點，雖然繳了放學時的校車費用，但是上學的時候，因為睡得晚，趕不上校車，天天都是包計程車去的，當時計程車的起跳費就要八元，從家裡一路跳到學校，每天就要花掉五十元。我記得我從小就想要當一個計程車司機，因為每天可以賺到起碼五十元。

星期六上半天課，媽媽就會來帶我們到台中市自由路的遠東百貨八樓鑽石樓吃港式飲茶。看著那些裝滿港式餐點的推車推過來，就一直拿到桌上吃。當年不懂事的孩子，是根本不用看價錢的，而且在我的印象中，連我媽也沒有在看價錢，只要吃得舒服吃得飽，就可以下樓再去玩遊樂場，或者再去買玩具跟文具。

端午的粽子、中秋的月餅，隨著來我們家拜會的人，從來沒有少過。

一到了過年，那可真的很忙，媽媽帶我們到台中市中正路的燕燕百貨，大概就是委託行之類的店，四個孩子花下來，總是看見一疊、兩疊的鈔票出去，以及店員九十度鞠躬的樣子。

對了，當時的物價，一雙布鞋大約是八十元新台幣，如果是兩疊鈔票，每張百元幣值，也就是兩萬元現金的概念，只是買孩子的過年衣服就花這麼多錢。一句話來形容，那就是個暴發戶！

每逢過年的時候，我們就把整個第二市場走了一遍，大家看到我媽媽，就會大聲的招呼：王太太來了！

我們的魚一定很大尾，因為不吃雞肉，每次就是一隻大鵝，當然也少不了什麼干貝、明蝦，每一隻都比大人的手掌還要大。至於什麼烏魚子之類的，那應該算是小菜。

這不是炫富，如果是炫富，那你繼續看下去，我的報應很快就會來了……

平常少不了一些賣兒童精緻書籍的業務員、到府服務租借錄影帶的外務員、來賣金飾的人，以及來推銷羊奶的，好多好多，好忙好忙。

爸爸常常拿著紙箱進房間放著，我打開紙箱，把上面一疊一疊的紙當成積木在床上玩，成了疊得很高很高的紙積木。直到我更大一點的時候才知道，每疊是一萬元的鈔票，一張一張都是綠色的一百元。我常常看到這一些積木，印象中每次大概就是百來萬元吧？

真是無聊的玩具！我比較喜歡超合金！

我大姊小學六年級跟著學校出去東南亞十六天，當然是做一些親善演奏表演的訪問，而從那裡買回來的就是超合金！

我們從台中到台北接她回國，從松山機場接機後就入住圓山飯店，在房間裡面玩玩具開心到不亦樂乎，妹妹的洋娃娃打開背後會有一個小小的唱片，唱片裡面會有洋娃娃說話的聲音；弟弟的超人會有五個不同的組合，組起來會是一個更大的超人。

我什麼都不太懂，隨手把相機裡的底片打開，才知道這麼做會讓底片曝光，讓我姊姊拍的相片都洗不出來（過去的相機是以底片存取影像，之後再送去照相館洗照片，不像現在的數位相機存在記憶卡中，隨手拍立刻可看）。

爸爸、媽媽小聲的罵罵我，但這還不算闖禍。記得大姊帶去的錢，裡面有十六萬台幣的現金遺失在國外，興許是同行的同學偷走了，父母也只能說一句話，要她下次要小心一點！就這樣嗎？要不然能怎樣？錢嘛！小事！

溫室裡的花朵離開的溫室，那麼它絕對不會是一朵梅花，不過還是越冷越開花。

很慶幸，我這一朵花，還沒有完全枯萎。

2 我阿公是祖師元帥，助我爸買別墅賺大錢

講到花，聯想到供神佛，我不由得想到家裡桌上的神明，當時他的名稱叫做「祖師元帥」。

元帥坐的佛桌上，總是插著劍蘭花跟菊花，非常的氣派。小時候，我常常在桌子下面往上望去，幫祂畫素描。

三清教派的造型，頭戴冠、身穿道袍，兩邊長長的眉毛配上長長的鬍鬚，坐在山頭；左手比法指，右手執拂塵；雙鳳眼，卻炯炯有神。

我喜歡把祂當作我寫生的模特兒！對我來說，祂不但是家裡的守護神，還有另外一個身分，那就是，我把他當成我的阿公。

不！不只是當成阿公！他根本就是阿公！

你就把它當作是看小說好了，我現在來說一說，我爸爸致富的故事。

我爸爸初中三年級，阿嬤去世。第二年，高中一年級，阿公去世。連

續兩年父母雙亡，讀高中的爸爸，只能依偎著他的大哥、二哥、三哥、四哥，還有一個已經出嫁的姊姊。

爸爸高中畢業以後當兵，服兵役三年的海軍陸戰隊；之後退伍，出社會工作。爸爸自己說，他在興農集團楊天生那邊當業務員，是他們公司業績數一數二的。我小時候，從來沒有懷疑過。

爸爸娶妻生子，從此以後過著幸福快樂的鳥日子。

但是就算再怎麼高薪，怎麼可能讓我們四個孩子過著這麼富裕的童年？每一個都讀私立幼稚園、私立小學，我跟我姊姊也讀私立國中，學費如此之高，這絕對不是常人能付得起的（我後悔了，不應該出這本書，家醜不可外揚，但是已箭在弦上……）。

就當作是在勸世好了，我們繼續看下去！

記得我很小很小的時候，曾經住過外婆家，那是一個在台中市南區小巷子裡面的平房。

外公外婆是省吃儉用的客家人，當時我們全家住在那裡，說難聽一點，爸爸好像是在被招贅一樣。但是，外公外婆的人非常的好，對唯一的女婿視同親兒子，所以我們曾經有一段很知足的童年時光。

黑白的電視機，一台收音機，一支電話機。三間小到不行的小房間，一間小到不行的浴室，但是充滿了溫馨。

或許是寄人籬下，或許是之後又要生妹妹跟弟弟，或許是潛龍勿用，想要一步九五飛龍在天，更或許是他過身的父親在天之靈欲助么兒，託夢令兒安其金身，早晚膜拜……。

誰能想得到，在祖師元帥進駐我外婆家的牆上暫釘的小佛龕後不出多久，我爸就買了別墅，地址是台中市五權西三街四十一號。

這個地方現在變成了經國大道，我每每

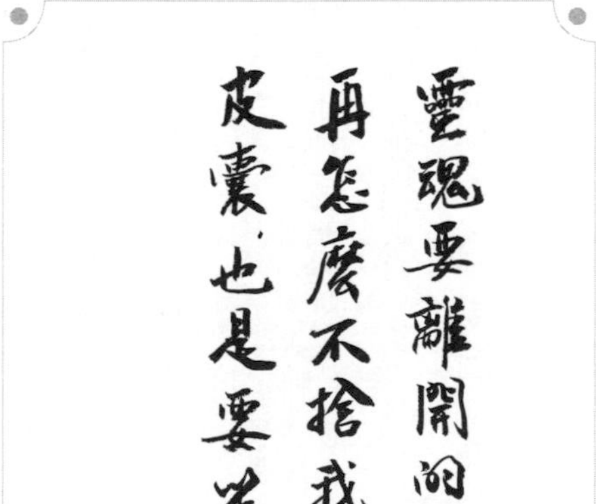
靈魂要離開的時候、
再怎麼不捨我們的臭
皮囊，也是要笑著離開
王一明

經過那兒時的住家，那本來屬於我自己的家，就會笑笑離開……。

五權西三街賤賣以後（當時一百五十萬就賣了，如今估價起碼超過五千萬！），又搬到了精誠六街九號，後來又賺了很多錢，買了精誠三街五十二號。自從精誠三街賣掉以後，就再也沒有自己的房子了。

不過即使是用租的，我們還是住過精誠八街、忠明南路九九號，以及五廊街、還有尚德街七十號，全都住別墅。

這些地址一說出來，只要是老台中人，馬上就能知道，我小時候應該是住得還不錯的。

這幾年，我會趁著過年的時候，刻意經過這些以前住過的房子，如果我要按電鈴，跟他們說我想進來看一看，因為這是我家！他們可能會覺得，現在的瘋子為什麼長得還算是不錯？不過，我想光是講出來這句話，就足以讓他們拿掃把把我打出來！

畢竟，這些已經都不是我的家了。

我說過，要笑笑離開倒不是假的。如果在佛家來說，萬般皆是空，無常才是人生的真相，你占住了又怎樣？擁有了又怎麼樣？還不是帶不走！

有一天，靈魂要離開的時候，再怎麼不捨我們的臭皮囊，也是要笑著離開，大概就是這一種思維。

所以，我練習常常失去，捨不得也要捨得，就像我爸爸常常說的：千金散盡還復來！

我覺得我爸爸很有智慧，後來長大才知道，這個是李白的句子，他也是借人家的句子來用一用。但是，李白絕對不會來向他討！

你有看過唐朝的人跟二十一世紀的人要過東西的嗎？著作權，在那個時候根本就不是東西。

我覺得我爸爸就是這麼的偉大，因為他不只借了人家的金句不用還，有時候在他眼裡，佛法的最高境界就是無常。所以，他跟你借錢的時候，有錢自然還給你，如果沒錢還，那就是要讓你練習捨得的智慧。智者吾父！善哉吾父！

當我爸爸高中一年級的時候，我阿公過世，留下來的兩間店面，在現在的台中市沙鹿區四平街天公壇那條通，一間書局，隔壁一間中藥房兼家庭式宮廟，分別給二伯跟三伯，當時還在讀書的四伯和爸爸，自然而然要跟哥哥嫂嫂住在一起。

對當年是高中生的爸爸來說，二哥的家有飯吃，就吃一點，沒飯吃，就去三哥家再吃一點，每天打游擊戰，如果還是不夠吃，後面巷弄住有一個許大哥，也可以吃飽喝足。

爸爸一生當中從來沒有跟我抱怨說他沒得到阿公的店面的遺產，他當時淨身出戶，離開原生家庭，只有帶著一卡皮箱。

也或許真的就是這種狀況，讓我天上的阿公要趁著自己修行的道行能夠幫助么兒，託夢安金身、燒香拜父、買別墅的故事，於是這樣子發生了。

以後我們也會離開這個世界，當我們離開之前，如果對於後代產生愧疚，覺得自己來不及交代遺產給子女們過富裕的生活，倒是可以比照我的阿公，修道成仙，充當財神，給所有的年長者參考一下，人死了也能保佑子孫，只要你願意，沒有什麼放不下的。

3 可能你有富爸爸，但是我爸爸有神爸爸

你們一定會很想知道，為什麼我的阿公可以坐到神明桌上面去當祖師元帥？我得要從頭說起……

我的曾祖父叫做王夏，據說是住在台中市梧棲區鴨母寮豬哥窟，生下了我的阿公王錦標，以及三個弟弟。

王夏學習中醫，將醫術傳給長子。王錦標除了中醫，也學習了相關的五術，包括山醫命卜相，以及法術、符咒、祭改、陰宅、觀落陰等等。

一天，阿公正在觀落陰的時候，忽然之間乩身喊出了：「先生！我們這裡需要你幫忙！」

問明來意才知道，乃清水祖師是也。清水祖師，原籍福建泉州安溪縣，與我王家的祖籍一樣，他是來見同鄉的我阿公王錦標。

原來是台北縣三峽鎮（現為新北市三峽區）清水祖師廟舉凡修繕之際，

雕刻師傅便惡疾發病，無法正常工作，希望我阿公出山相助。

於是，阿公帶著徒弟三兒子王東熙，也就是我的三伯父，從台中縣沙鹿鎮，坐了半天的車子，到台北縣三峽鎮三角湧，當時那裡還真不如現在熱鬧非凡。

倆父子觀察地形，攔住路人，且問說：「哪裡是『盱仔上坑』？」老者說：「你還真是問對的人！在這裡住了一甲子的我，才有辦法告訴你，這一個非常古老的地名，就是廟前遠遠望去的那一座山！」

父子倆爬山越嶺，終於到了那個山頭，才發現是裡面的陰靈，為了得到清水祖師廟的香火與地靈地氣，於是出此行為破壞修繕，讓師傅們生病無力，而神明也實在沒有辦法，只能求助身為法師的阿公。

終於，又回到了台中沙鹿，他們畫了三天三夜的符咒，擇了良辰吉日，阿公又去了台北三峽，而三伯留在沙鹿催符，步罡踏斗，奉請玉帝作主，天兵天將、六丁六甲、功曹符使，讓諸兵眾帥聯手。

打虎親兄弟，上陣父子兵，這頭向山邊喊賊捉妖，那頭觀陰配合迎戰納喊，頓時天羅地網，辰戌相應，「盱仔上坑」妖狐盡收，三角湧上天清地靈！

日後，清水祖師又親駕神壇告知，說我阿公的行為已經感動日月，日後必有好的去處！

數載之後，阿公六十一歲的那年，焚香靜坐之後，拿著毛筆寫著兩個字「樹枯」，便逕自睡去。

當天三更半夜，我的二伯王欽賜在睡夢中，彷彿聽見耳邊有北管吹奏、嗩吶鑼鼓、笙管笛簫，聲音來自家門口前。

他迷糊醒來，不敢相信自己的耳朵聽見的是夢境？還是真實？等到天亮雞鳴，欲叫他父親起床，怎知父親已經斷氣，但面色紅潤，看起來好像是睡著似的。

喪事過後，我的三伯傳承了阿公的道術，繼續在原來的神壇太上宮服務，而門口的招牌依仍寫著原來的「濟和中藥房」五字。

故事講到這裡，你們一定覺得很精采，而我的童年也就是這樣子聽我爸爸說他爸爸，我爸爸說他爸爸是個神，我自然而然也會把他的爸爸當作是個神。

可能你有富爸爸，但是我爸爸有神爸爸，而我爸爸把神爸爸安金身請回家以後，就在一個月之內買了別墅。

這就是我爸爸致富的故事！

聊點這位神明的後記吧！

大概在一、二十年之後，三伯告訴我們，祖師元帥已經成為正神，在清水祖師廟修得正果，必須請玉旨封為正神，號名王法祖師是也！

這不？神仙也能改名！我們家的祖師元帥，頓時又稱為王法祖師了。

我出的第一張台語相聲專輯「台灣答嘴鼓之有錢真好」，榮獲二〇〇七年第十八屆金曲獎最佳曲藝專輯獎。

我的專輯裡面的第二個段子「王牌祖師」，其實就是說王法祖師的故事！

如果阿公讓我爸爸一夜致富？那他起碼保佑我說到他的故事，得了一個金曲獎座！

天上的阿公，你說，是這個樣子嗎？

我可不可以跟你要多一點點錢？我現在真的好累喔！我保證你給我的

錢，我不會敗掉！更不會賭輸掉！顯靈吧！阿公！

4 有人因此戒賭，就是我爸爸最大的功德！

我雖然見到阿公都是在佛桌上，可是見到爸爸卻是在生活裡，我的成功基因來自於他，但是我並不像他。

我的阿嬤生么兒的時候已經三十九歲，我爸爸上面有大哥、二哥、三哥、四哥，如果加上夭折的兩個哥哥，那麼他的身分證上排行七男，是最後一個，父母的溺愛，也是其來有自的。

爸爸學生時代喜歡練拳，自認為是少林拳的傳人，常常自己說兒時會去大樹下練拳，並且吸收芬多精。久而久之，就鍛煉出一副好身材！

初中三年級喪母，高中一年級喪父，愛他的人，以及能管他的人，連續兩年跟他說再見，哥哥、嫂嫂當然也管不住他了。

服完三年的兵役，海軍陸戰隊，更練就了一身好的體魄，而如果你看到他年輕的相片，你會發現我之所以不像他，是因為他帥到讓人家羨慕。

帥不能當飯吃，但是起碼能交很多個女朋友，在我媽媽之前，他已經是一個情場高手。

你如果看過他寫的硬筆字，再看過他寫的情書，文筆裡面連哄帶騙，卻又非常文青，令女孩愛之欲其生，恨之替你死，像極了愛情。你會發現，不死在他手裡的女孩兒，除非是媽祖娘娘，要不然就是聖母瑪利亞。

他自己常常說，抽到了三年的海軍陸戰隊，第一個晚上有人在兵營裡面哭泣，而他沒父沒母，既來之，則安之，今天開始要吃國家米糧連續三年，便大碗大口的吃飯。既然要當兵，古今多少事，盡付笑談中，找兩三個志同道合的同梯結拜做契兄弟。其中一位李榮次叔叔，到現在還每天在聽我們廣播節目呢！

當然，也不可不把一下隊上女軍官，二等兵把上女中尉！你說，小時候的我聽到這個，會不會很崇拜他？

自然而然，女軍官並不是生我的媽媽，後來聽說又有一個叫美蓮阿姨的紅粉知己，也是跟他沒有緣分的前女友吧。

天若有情天亦老！

後來爸爸遇到了媽媽！那個傻女人要出場了！

印象當中，我小時候看見媽媽穿著新娘白紗的黑白相片，好幾十張裡面都沒有笑容，莫非是她很緊張當新娘？

長大以後，把他們的結婚紀念日跟我姊的生日稍微對一對日期，才發現原來他們結婚的時候，姊早就已經在肚子裡了。他們用了八年的時間，生了姊姊、我、妹妹跟弟弟。

這輩子，我最快樂的時光就是在我十歲之前，因為不懂事，又過得很優渥，少年不識愁滋味。人如果可以選擇的話，最好永遠不要長大，因為長大以後你要面對很多殘忍的事情。

爸爸的風流倜儻，加上口袋裡有花不完的錢，自己又長得帥，體力又是一等一，耗不完的精力，你說他會有什麼樣子的人生？

他當時的財富，真的可以說是日進斗金！現在的我，雖然工作穩定，卻根本不及他當年的千萬分之一。

他到底做過什麼事業？

先說一些我比較能說嘴的，比如說包秀！開個傳播公司，包下台中中華路的日新戲院，大年初一一整檔的新春秀！

我記得那一檔，有包國良、蔣光超、恬妞、陳麗麗、魏少朋、原野三重唱（分別是男高音王強、低音王大川、中音吳合正）。當時在日新戲院男生廁所裡面，原野三重唱的男高音王強就站在我旁邊小便，我覺得自己好光榮，因為他是本檔歌星，更重要的是我在電視上看過他。

小時候的我們，常常跟父母去台中市的南夜歌廳、聯美歌廳、樂舞台大戲院聽歌，當年還有什麼藝霞歌舞團之類的，我通通都喜歡，反正就是唱歌跳舞，隨著音樂扭屁股。

我每次去到那裡，就十分的寄生上流！不不不！我！本來就是上流！

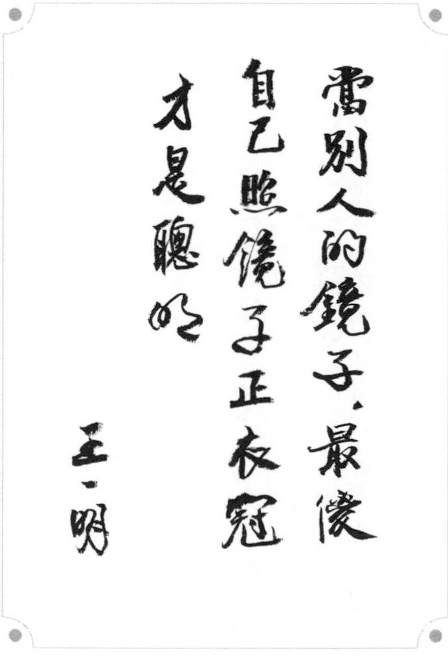
當別人的鏡子，最傻
自己照鏡子正衣冠
才是聰明
王一明

除了包秀以外，我爸爸也研發新產品並創辦雜誌，我覺得自己的父親是屬於文化事業的，因為他在出版雜誌。

雖然這個雜誌都找朋友親戚掛名業務，因此空有業務員之名，卻沒有業務之實，沒有多久就倒了。

但是，起碼在當年我是很驕傲的，因為我父親的行業，讓我覺得我的未來充滿了書香。

他到底還做過哪些行業？讓我們過好的日子？讓我覺得驕傲呢？我……想不起來了！

先插一段話，我師父相聲大師吳兆南，曾經跟我說過，「賭必勝！只有六個字：『只做莊，不下注！』」能做得到，那麼將富可敵國！人說十賭九輸，照他的話，卻是百戰百勝！

如果開賭場，就可以抽頭做莊，那當然是會日進斗金的。如果你已經錢多到屁股癢？對不起！我說的是手很癢，還要下去賭的話，那麼你爸爸就算是天上的神明，也不會保佑你太久。

到目前為止，我都還沒有說我爸爸做過什麼行業？但是我也沒有說：

我爸爸賭博一輩子！

新自然主義出版社二〇二〇年出版過一本書，書名是「癮」，吸菸吸毒酗酒是癮，依賴藥物才能入睡是癮，甚至於聽古典音樂也會成癮，時間到了沒有聽到，就會很不舒服，就會很想要聽。

如果說每個人多多少少都有癮頭？那麼，我的爸爸可能是好幾輩子的賭癮。

我聽說過很多賭博戒賭的真人實事，因為已經傾家蕩產，妻離子散，發毒誓斬雞頭再也不賭了。可是當誘惑來的時候，他們還是忘記了自己的誓言（現在的民視八點檔「黃金歲月」，王中平演的就是賭癮咖，我私下入戲的跟王中平說：「你再賭，我就不理你了。」呵呵……）。

我家那位王老先生當時一夜致富，靠的就是賭博。據他自己說，在台中縣海口，清水、沙鹿、梧棲、大甲，都有他自己的賭場。

比較可悲的是，台中市他自己的住家，也是賭場。我們就住在賭場裡面長大！

我每天晚上都在麻將聲當中睡著，一樓的二手菸，都會飄到二樓的房間，我媽媽跟四個小孩子都是吸二手菸的被害者，以至於我尚年輕時，四十幾歲的時候就心肌梗塞，曾接獲病危通知。

我的命是我爸爸給的，如果他間接要我的命，我可能也要還給他，可是他可能並不曉得，這也是醫生告訴我，我才曉得的。要不然像我這種不菸不酒不熬夜的人，怎麼可能會心肌梗塞？原來從小的二手菸就已經種下了這麼戲劇化的命運的因！

我們總以為我們的兒女是自己的資產，所以想要在家裡做什麼就可以做什麼，包括聚賭抽菸，這就是我們台灣的真男人！

既然他是真男人，我媽媽就是個好女人。因為她必須沒日沒夜的煮三餐帶宵夜，削水果炒米粉，泡茶遞菸，給那一些賭客吃吃喝喝。

誰教我們做莊抽頭？她這個女主人就得做到死！而那個代價，就是每天大筆的鈔票進來！

現在想想，我真是人在福中不知福，曾經舒坦還抱怨命運，但是冤枉啊，當年我只是個孩子，沒有是非對錯觀呀。

我也沒有抱怨，我只是想讓讀書的人知道，如果你有壞癮頭，為了下一代，還有自己的晚年，你還是趁早戒了吧。要不然你就別生到像我這樣子的孩子，把你的故事講給全世界知道，其實我就是大孝，懂的人又有多少？

當然，我也不希望我的爸爸跟我的家人看到這一本書，但是你們就恨我吧，因為我把我們的家赤裸裸的曬在大家的面前，為了大愛捨小愛，寫這本書我比誰都還痛苦。

但是太多的是非對錯，不是我們不說，就代表他不存在的。如果這本書會讓一些有賭博的人因此戒了？那麼，就是爸爸最大的功德！

當別人的鏡子，最傻；自己照鏡子正衣官，最聰明。

5 我花了一輩子都在完成爸爸對長子的能力訓練

當年我們家很有錢，常常買鳥、買烏龜來放生，也印佛經、供三寶。我爸爸對神明很尊敬，我媽媽也唸觀世音菩薩，可是我想跟家裡面有信仰的人說，不要以為重祀就可以免災。

佛法不是給你們這一些呆子讀的，佛道如此深奧，豈是靠拜拜就可以免三災去八難？你今天燒個香，就可以清氣上升，濁氣下降？那倒不如買一塊石頭公來拜一拜，搞不好還更靈？

我偉大的爸爸，家道中落已經很久了，住在家裡的那些神明早就斷了香火。我爸爸每天跟神明住在一起，他視若無睹，除了過年的時候，我們四個孩子回到家裡面會燒個香以外，整年度佛桌上面盡是灰塵。

這種情況，比住在破土地公廟被撿回的落難神明還要慘，我寧願當個好人，也不要當個可憐的神。但是，我們家桌上的王法祖師還是很慈悲，他並沒有降大災難給我們，只是我爸爸再也不可能靠賭翻身了。

年輕開賭場，中年算牌簽大家樂六合彩，一生中倒是真的中過幾次，他把明牌報給朋友中了大獎，也不知道是哪個笨蛋？竟然給他刻了一個匾額「妙算人神」！這是他這輩子唯一一張跟獎狀有關係的榮耀，長年放在我們台中市家裡的客廳！

我每次看到「妙算人神」，就會特別崇拜我的阿公是神，我的爸爸也是神，我也是神！我們全家都是神……經病！

爸爸的神經病，讓我覺得痛。

賭癮、外遇，又不是船員卻曾一年只回家二十幾天，讓媽媽自殺未遂多次，拖到最後，終於在三十九歲高壽長辭了這她還沒看透的世界。

爸爸曾經說，這輩子的女人，他最愛的是我媽媽，我真的好感動，天上的媽媽，妳是第一名耶！但是，若是妳沒在天上，我就不知道爸爸會不會說這句話了？

舉凡吳阿姨、洪媽媽、姚阿姨、李阿姨、賴阿姨，以及後來年紀比我小很多的「阿姨們」，「我媽是第一名！」我爸說給我們四個孩子聽的！

但是，我也想知道，我爸爸都跟「阿姨們」說些什麼？呵呵呵……

其實，我爸爸真的是好人，大家別以為他有壞習慣，就以為他壞。

他不壞，只是讓我們四個孩子的婚姻都經不起考驗，是我們太嫩。

他不壞，只是開車肇逃讓我陪伴奔走警局，讓我走訪傷者家談賠償金，訓練我的斡旋能力，能談到少賠多少，我自己就能少失血多少，他的用心良苦，讓兒冰雪中愈冷愈開花。

他不壞，只是被告傷害罪，身為兒子必須籌備律師費，以及被判刑後的易科罰金，讓我覺得自己是可以承擔責任的王家子孫。

我每個禮拜天都去做公益，探訪貧窮家庭或者癌症末期病友，發現大部分命運悽慘的老人遭到兒女棄養、不願再聯絡，多半都是他們年輕的時候做盡了壞事，才會讓兒女不聞不問拋棄他們。

兩相比較之下，我爸爸真的不壞。他，真的是好人！

從小到大養育之恩，日進斗金，讓我們四個孩子都讀私立小學，住好，穿好，在他走運的那些年，我們預支了未來的好運，甚至到現在還沒還完。他心情好的時候，訓練我們寫日記，背唐詩，買套書給孩子們，花錢不眨眼，反正花完了，明天又是大把鈔票進來。

很感謝我爸爸，這些年來他把自己的生活照顧得很好，只要錢都準時給，老年的他聽懂我的話，因此，要生活，要吃穿，要買這個那個，我爸爸無需擔心，但若要再賭？那就一毛錢都沒有！

我花了一輩子都在完成他對長子的能力訓練，發現若是不踩死底線，只能自己死，所以父子關係說說狠話，算是一種特別的孝道，只要我沒死，您就有人養。他懂！

今年以來，比較少跟我提賭了，因為他已經賭不了。

先是病危送醫，從鬼門關救起來，只能將他送到二十四小時專業安養院過日子，他還真是天之驕子，今年的疫情，無論他走去哪裡，都只有被傳染的命，但是在那一邊，卻又好吃好住，以及專人照顧，又不會被傳染，可以說天上的神明爸爸，保佑他晚年得到平安的舒適環境，至於安養院的錢？那就更不用他操煩了。

現在的他已經是中度失智症，我猜想，他今生今世，真的再也不會賭博了……

爸爸我愛您、謝謝您、對不起

王一明 vs 王小明

嗨！我！我們倆個人，不，我們都是同一個人！無論是幾歲，都要聽爸爸的話。

他說：「天下無不是的父母！」我們聽到了嗎？只不過，這句話是用在好父母，不能用在不對的父母身上。

追根究柢，跟一些拋妻棄子的人相比，我爸爸究竟哪裡不好？

不論如何，我們還是要跟他和解，要不然下輩子若又再遇見，功課會永遠做不完。

我們都很愛他，從來不跟他算一些帳，不提媽媽的死，不提我們心中的千萬個不認同，不捨得棄養他，這些不，就是愛。

世界上有太多父子關係比我們更令人不滿，甚至，恨。起碼，我們從未用過這個字！

智者說，找時間道謝，道歉，道愛，道別。

只有放下，才能放下，懂？

給予祝福是一種能力。以祝福代替詛咒，以禱告代替怨恨，用愛，醫治傷痛。原諒他，他從小沒有養分，長大以賭致富，自以為天下的遊戲規則是他訂的。他有才氣，有錢時有膽識，沒錢時有夢想，做了一輩子的暴富白日夢，這個夢永遠不會醒，但是我們兄弟姊妹卻一直寵他，難道我們做兒女的沒有錯？把我爸爸的故事攤在陽光下，已經是全世界最不孝的人了，寫書寫到胸部一直痛，老毛病又犯了，一邊寫一邊哭，只是為了要把他的故事告訴大家，千萬不要賭，告訴社會上拋妻棄子的男人們，有一天你們是要還的，這樣子來看他，在這個社會上，還是算有價值的人吧？來！讓我們跟爸爸說，愛您，謝謝您，對不起，嗚呼～，乖乖。

後記

電視上的大明星，都是我的好朋友

說到影響我的人，除了書中提到的貴人之外，後來我進了廣播圈，慢慢也結交到一些好朋友。

彭立，在一九九六年以彭莉名字出道，唱出「感謝你的愛」一首歌，成功地為台灣首次民選總統李登輝、連戰競選歌加分，歌紅，人也紅。

當初她還是創作型新人，我卻自認是出道一年多的老鳥，為了表示我很照顧女歌手，大言不慚自稱一明哥哥，誰知日後，還歪打正著讓她不嫌棄我這個王二愣子，變成好友，直到現在。

她一定是高ＥＱ，想說王一明癩蛤蟆想吃天鵝肉，也就兵來將擋、四兩撥千斤，誰知我有色無膽，妹妹長妹妹短，就是不敢追，女星光環加持下，我也能自詡名主持人，不匹配，就當兄妹！

王一明「手都不通放」

對不起彭立，像這種乾妹妹，我可能有不只一打，但是，話說回來，友誼都是真的。

她幫我製作兩首單曲「媽祖的囝仔」、「手都不通放」，在我的台語相聲專輯中當作劇中歌，每每都是聽友愛點播的。

圈內知己洪都拉斯，精湛演技在藝能界撐起一片天

金鐘獎影帝入圍者洪都拉斯，也是我圈內知己。首次見他，是在廣播金鐘獎頒獎典禮，我坐在台下第一排，他與某女星在台上表演「阿洪之聲」播音員喜劇，當台下笑成一片時，我其實在想，如果是我，我會怎麼詮釋他的角色？

之後，在三立電視台「姐姐當家」一起受邀當來賓，互留電話，成為朋友。日子久了，兩個男人的相識，變成了兩個家庭的來往。

我們在台語相聲專輯「台灣答嘴鼓之現代廖添丁」中，由我重新創作段子，一起完成與吳樂天講古完全不同的橋段，說的是，其實廖添丁並沒有死，他只是化名洪都拉斯，繼續在江湖行走……。

合作台語相聲「台灣答嘴鼓」之後，我們又在廣播金鐘獎頒獎典禮一起擔任頒獎人，而私下兩家偶爾約吃飯看戲，就連家師吳兆南大師的追思會，以及我與陳福禎兄在汐止的雙人聯合書法展，洪哥也意外現身，對我來說是很大的鼓勵。

近年看到他的「我們與惡的距離」、「盲人阿清」連續兩年入圍影帝，加上民視八點檔「黃金歲月」，看到洪哥飾演秀場主持人，將我又拉回自己的從前回憶，在在都為這位朋友感到開心。

王中平歌而優則演，心卻遺留在花草書畫裡

演藝圈人喜歡表演，歌手更善於歌唱，而我因為王中平出片訪問他，我倆同是中年男子，子女年紀也相同，聊天之餘進而知道他喜歡種樹玩盆栽，我便將他歸類為拈花惹草的朋友了。

中平的演唱會，我去獻花，我的書畫展，他來看字畫。在展場中，我即興哼唱潘越雲的「浮生千山路」，相應展出的書法作品，他自動和聲，感覺得到他也是將我當作自己人，年紀相仿，毫無隔閡。

記得有一次，新竹以詩、書、畫、盆栽、擺龍門陣閒聊聞名的五全才子暨國畫大師韓錦田辦展覽，而因為中平本身也姓韓，我便想到約他去參加。這場愛好書法、國畫、盆栽的「韓氏」相會，讓我們這對「王氏」兄弟從此更有默契，同樣是身在演藝界，心在文藝圈。

如今看我這位朋友與王彩樺、洪都拉斯都在連續劇「黃金歲月」同台演出，加上張炳煌教授題字，聯合把我綁在電視機旁邊。本人，倒是第一次因此看本土劇如此甘願。

在這之前，我從未有過讓如此般本土味連續劇吸引過，這下子，我更能觀察看本土劇的族群，與聽台語賣藥台的聽友多有重複。從沒想到，讓自己接地氣，竟是我看劇的理由。

演藝界才子康康，也和我錄製台語相聲答嘴鼓了

說到年紀相仿的朋友，非康康莫屬。

原來在多年前，師父吳兆南與他一起擔任金曲獎頒獎人，在登台前，我們在飯店溝通頒獎台詞而認識。二〇〇四年，高凌風演唱會的後台，也有

大堆頭的合影。二〇一四年，高大哥告別式，我載凌峰哥一起出席，康康也坐在一旁。

但是真正結緣，還是他入圍二〇一九年第三十屆金曲獎最佳台語男歌手「驚某大丈夫」專輯的訪問；之後，他與唐從聖在西門紅樓宣傳舞台劇，甚至還共同出席好友鋼鐵爸新書「倒著走的人生」新書發表會（二〇二〇年，新自然主義出版）；也因此，牽起我們合作台語相聲「台灣答嘴鼓之誰人甲你比」的緣分。

世界真小，我欣賞的才子康康，從我的廣播節目，走進我的真實人生。本來，我與演藝圈人士只是工作上接觸，沒想到緣分將我們拉成一條線。

我與廣播主持人阿國在林安泰古厝的聯合書畫展，康哥也帶了他的爸爸、媽媽、姐姐一起來參觀，同行的巧遇出了五張專輯的台語歌手邱賢桂，我們沒有談歌唱曲，卻都浸淫於字畫古厝，這是我所剛剛踏入廣播圈未曾想過的友誼。

製作過許多膾炙人口電視節目的王偉忠跟我說：「一明呀！你不是藝

人，藝人多半有點自私，你卻熱心；藝人多半賣嘴皮子，你卻有料；藝人美其名是異於常人，你卻是術士！」

偉忠哥或許是對的，在演藝圈，他閱人無數，對我的評語，我虛心接受。

但是，我仍要感恩許多朋友們，是你們豐富我的說唱藝術生涯，不只演藝圈。

因為有你們，讓我更樂於成為他人生命中的貴人

同為說唱藝術者的人間國寶楊秀卿老師，我們不僅合作公演，甚至一起出片台語相聲「唸歌答嘴鼓」。對我而言，去楊阿姨汐止的家泡茶聊天，才是我和梅子放鬆的時刻。

二〇一七年第二十八屆金曲獎特別貢獻獎得主紀露霞阿姨，是廣播界前輩，更是提拔我們的恩人。她的「綠島小夜曲」、「黃昏橋」等名曲只要一播放，就讓我們的節目層次提升起來。

未來，我夢想能敦請阿姨出山，共同錄製口述歷史，為台灣留下珍貴有聲資料庫。

台灣答嘴鼓之誰人甲你比

同是廣播電台放送頭，合作三張台語相聲專輯的恆春兮兄（本名鄭志文，台灣聲音藝術工作者），不嫌棄將「工商服務」與「台灣答嘴鼓」結合，「娶某嫁尪」、「三國」、「點燈」，「渾聲」散發出他最道地的本土台灣味！一聽到他的聲音，我就感到無比親切。

除此之外，恆春兮兄對台語語文文學的研究，也是我心中的老師。

廣播金鐘獎的常勝軍阿國、齊軒，我們也合作過，同行不相忌，我們雖然是同是播音員，但友誼卻是在彼此不設防的情況之下，歷久一樣新。

廣播人楊凱涵，是這個圈子裡，我承認的記名弟子，她自詡「天橋下說書的大師姐」，粉絲比我多，前途比我好，多才多藝好人緣，願她將我的小才華「發揚光大」，青出於藍勝於藍。

彼此訪問過彼此的黃子佼，原來是這麼用功的人，他上我的節目，輕鬆自在，我上他的節目，揮灑自如。他為果農代言，以公益相挺，也是我看齊的對象。在廣播金鐘獎典禮，常常前台見、後台聊，佼哥堪稱三金主持人，是個值得尊敬的好朋友。我也喜歡播出佼哥的歌，尤其是那首台語的「雄雄想起伊來」。

台灣答嘴鼓 VS 工商服務：娶某嫁尪

而影響我的廣播主持人，不得不提當我未婚時期，在電台值播音班，放盤帶、寄收盤帶之餘，不得不聽的許多廣播節目，但那些可是重要養成的營養素，無形之中深深地讓我成長茁壯。

「微微笑俱樂部」的石川、小菁，以及啟蒙的「快樂歌聲」的文華、文真，金鐘常勝軍阿國、琇如，是我與後來認識的梅子組成雙人搭檔的重要參考，他們的默契、感性的嗓子、對答的接話、互虧的搞笑，以及文化的素養，在在成就了日後的王一明、梅子！

向前輩致敬，為後輩加油。我一路上貴人多，也樂意當別人的生命中的貴人。

特別收錄

願當你一生的好朋友

古人說：「睏破三領草蓆，心肝掠袂著。」這句話應該是我心裡的最佳寫照，因為至今結縭二十一年餘，到現在還是常常搞不清楚王先生的喜怒哀樂，是我資質駑鈍？還是他太難懂？

他說我女兒身男人心，他何嘗不是男人身女人心。兒子長大懂事後更道，「我的爸爸是媽媽，我的媽媽是爸爸。」記得當時我就笑翻了，你們一定覺得不可思議吧！

猶記得一九九九年在新竹市日間照顧中心當義工四年，有位長輩過世，我們到靈前捻香，王先生他……難過哭倒在地上，變成是喪家在安慰他，同去的主任和我面面相覷，是他太多情，還是我們太無情。

兒子王者出生之後，有一次，我帶著襁褓中的嬰兒回娘家，隔天就回家，他竟然在路邊開始啜泣，搞得我走也不是、不走也不是；看個「梁山伯祝英台」電影也哭（已經看不止百次）、聽老歌也哭；還有，我們到北海岸旅遊時，順道去看了歌星鄧麗君的墓園，他竟然在墓前大哭，我和孩子只好站在旁邊等他哭完，這個畫面很奇怪吧！

更遑論提到他在國一離世的媽媽，更是淚水潰堤，原來他是一個水做的男人！我終於明瞭，為什麼許多男人對哭泣中的女人無法招架的道理。

我常在心中感謝柯文哲市長，如果不是他，我不會猜到王先生是亞斯柏格的孩子，他們兩個人有太多相似之處，因為講話很白目、無法理解別人的情緒、無法溝通，某個程度活在自己的世界，對感興趣的事很專注，天才一枚無誤。

我常說他是住在城堡中的王子，出了城堡後，看什麼都不對勁，連換個燈泡都不敢，在生活上連殺隻蚊子、蟑螂也不行，因為他曾短期落髮出家，吃素八年，怎麼可以殺生？這可是違背他的中心思想。

度蜜月時，到馬來西亞搭乘雲頂高峰的纜車，全程他不敢張開眼睛，你相信嗎？當時心想我是不是嫁錯人了？況且，他更是一個對朋友比對自己好的人，我常跟他說：「我寧願當你朋友，也不想當你太太。」

我們相識在彰化的國聲電台，兩個陌生人被老闆安排一起做廣播，那時他剛從秀場主持轉廣播跑道，由於黃腔開太重，導致多數搭檔招架不住，換人換很凶，而我對他的態度則是你高興就好。

就這樣，這條不歸路就從此展開，我們一路從台中市、彰化縣、新竹市、台北市，遊歷四個城市的生命旅程，也共同歷經多家的電台和電視台，隨著緣起緣滅，篇篇精采。俗話說：「在家靠父母，出外靠朋友。」感恩一路上給我們機會的貴人、還有朋友的陪伴，成就王一明和梅子的今天。

剛認識時，就覺得他是一塊璞玉，假以時日，就會有成就，但這需要時間和機運，談何容易。這些年來，我們一個專精幕前，一個專精幕後，彼此學習，互相成就，互相牽制，互相叮嚀，這當中起了不少衝突，吵吵鬧鬧沒有離婚，真的是奇蹟。

他愛寫書法，我鼓勵他勇敢跨出去辦展覽；他喜歡說唱藝術，我帶他去賽而認識吳兆南師父，鼓勵他出版台語的相聲CD，因為國語市場早就飽和，而台灣這塊土地，更是需要自己的文化。

他喜歡助人，我發想廣播節目結合「愛心待用餐」，這下子可忙翻，八年多來幫助千萬人次，才明瞭媒體的社會責任和我們生命的意義。人生該留什麼給孩子，應該是留德不是留財吧！

「台灣答嘴鼓」台語相聲ＣＤ，這是我們的金字招牌，創意來自於我，內文全自於王一明，這樣的文采，需要多少歲月的累積，更何況他是十八歲才開始學講台語，這你也想像不到吧！金曲獎、金鐘獎的加持，就是對他最大的肯定，我相信他總有一天會拿到終身成就獎。

最後，王者爸爸，你辛苦了！台語相聲需要你，為台灣留點東西，要繼續寫下去。還有，男人要做大事，不要什麼雞毛蒜皮的事都要管，這樣太累了。哈哈哈！

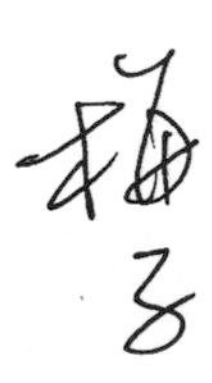

王一明廣播會客室，放送人間溫馨情

作　　者：王一明
特約編輯：黃信瑜
圖文整合：洪祥閔
社　　長：洪美華
責任編輯：何　喬
出　　版：幸福綠光股份有限公司
地　　址：台北市杭州南路一段 63 號 9 樓
電　　話：(02)23925338
傳　　真：(02)23925380
網　　址：www.thirdnature.com.tw
E-mail：reader@thirdnature.com.tw
印　　製：中原造像股份有限公司
初　　版：2021 年 8 月
郵撥帳號：50130123 幸福綠光股份有限公司
定　　價：新台幣 350 元（平裝）

本書如有缺頁、破損、倒裝，請寄回更換。
ISBN 978-986-06748-4-2

總經銷：聯合發行股份有限公司
新北市新店區寶橋路 235 巷 6 弄 6 號 2 樓
電話：(02)29178022 傳真：(02)29156275

國家圖書館出版品預行編目資料

王一明廣播會客室，放送人間溫馨情／王一明著 -- 初版 . -- 臺北市 : 幸福綠光 , 2021.8
面；　公分
ISBN　978-986-06748-4-2（平裝）
1. 人生哲學 2. 自我實現
191.9　　110011328